リーダー必須の 職場コミュニケーション 61のスキル

カウンセリング、ティーチング、コーチング、
報連相の活かし方

五十嵐仁 著

セルバ出版

はじめに

本書を手に取っていただき、ありがとうございます。

本書は、1人以上の部下・後輩（メンバー）を持つ上司・リーダーのための本です。メンバーを指導育成し、共にいい仕事を進めていくために役立つ職場コミュニケーションの実践的スキルを61挙げました。

研修講師である私は、企業や公的機関、病院などにおいて、組織の管理者研修やリーダー研修を中心に、公開講座、セミナーを含めて年に100回〜120回行っています。

研修テーマは、部下の指導育成、コーチング、プレゼンテーション、評価面談、問題解決、マネジメント能力アセスメント等、様々です。

どの研修においても、各テーマについて、参加メンバーがスキルアップし、実践して成果を上げることがねらいです。そのために、研修後のフォローとして、職場実践後の報告や質問・相談を受け、アドバイスもしています。その実践例も本書に載せてあります。

私の研修では、最初にお伝えすることが2つあります。

1つ目は、研修で行うのは「知る、わかる」、そして職場で「できる」ようになるための準備ということです。ホワイトボードには、次のように書きます。

そして、「できるようになるために必要な（　　　）内に入る言葉は何？」と質問を投げかけます。

参加者から様々な回答が返ってきます。「理解する、納得する、やってみる、考える、話し合う、学ぶ……」等々。確かにどれも、この（　　）に当てはまる言葉です。

以上の回答以外に、参加者から出てこなければ、私は「振り返る、気づく」を追加します。

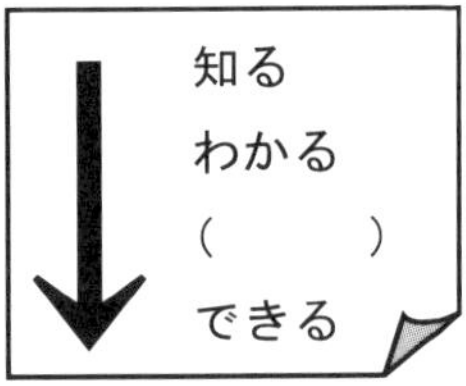

お伝えする2つ目が、「研修では、これまでの仕事、行動を振り返って、次にすることを決める」ということです。

私は、本書を読んでいるあなたにも、研修受講者と同じように、「知る、わかる」だけではなく、「振り返る、気づく、次にすることを決める」ことを期待しています。そのため、皆さんにも本文中で質問を投げかけます。

答えを書き出してとまでは言いませんが、その答えを考え、振り返りながら読み進めてください。そうしていただければ、より深くわかり、気づき、できるにつながっていくはずです。

そして、最後に、第7章の【スキル61】をお読みください。リーダーであるあなたに必ず役立つスキルが、そこにあります。

2018年3月

五十嵐　仁

リーダー必須の職場コミュニケーション61のスキル―カウンセリング、ティーチング、コーチング、報連相の活かし方　目次

第2章　部下・後輩、上司とも「話が通じる」関係になる7つのスキル

―相互に話ができ、意味と気持ちが通じる「カウンセリング」

第5章　部下・後輩から報告・連絡・相談を受けた際のポジティブ対応12のスキル

―職場の報連相（情報の共有化）を深めるために

第6章　メンバーのモチベーションを高める職場づくり7つのスキル（方法）

―職場の風土とチーム力を高め「自分で考え、行動する人」を増やす

第7章　職場リーダーとして実践する3コミュニケーションスキル

―学んだスキルを職場で実践するために

第1章　部下や後輩育成に役立つ3つの手法と7つの基本スキル

―カウンセリング、ティーチング、コーチングの基本

この第1章では、本書のメインテーマである「リーダーとして必要なコミュニケーション」について、一緒に考えていきます。そして、指導育成に役立つ3つの手法「カウンセリング」「ティーチング」「コーチング」とその基本の7つのスキルを学びます。

1　コミュニケーションについて理解する―「コミュニケーション」って何

コミュニケーションの本質は「共有化」

皆さんは、「今の若い人は何を考えているかよくわからない」、また「コミュニケーションがとれない」などと言っていませんか。ご自身では言っていなくとも、そんな言葉をよく耳にするのではないでしょうか。私も、管理者・リーダー研修でよく聞く言葉です。

そもそも、この「コミュニケーション」とは、何なのでしょう。まず、コミュニケーションという言葉の意味を考えてみましょう。

多くの辞書では、「人がお互いに意思や感情、思考を伝達し合うこと」（相互に伝達すること）と書いてあります。本書では、「単に伝達することだけではなく、その結果として、意思や感情、思考等を相互に共有するところまで」をコミュニケーションと考えます。

職場の上司・部下、リーダーとメンバーは、お互いに別な人であり、物理的にも異なる存在です。育った環境・経験、そして年齢や性別、関心や考え方もそれぞれ違うのです。

異なる存在である者同士が、「共有化する＝共通のものをお互いの中に形づくる」ことが、コミュニケーションの本質です。

平たく言えば、お互いに伝えたいことを「わかりあえている」ということです。

このお互い同士で「共有できること」の割合が高まり、また「共有していること」の量が増えることこそが、コミュニケーションの成果、つまり、うまくいっている、通じ合っているということになります。

「共有化した（できた）」とき、初めて、言葉が・意味が・考え方が・思いが、「通じる（通じた）」と表現することができるでしょう。

この「コミュニケーションの本質」に照らしてみれば、先ほどの「今の若い人は何を考えているかよくわからない」「コミュニケーションがとれない」と言っている人ご自身が、そもそも「コミュニケーションをとろうとしていない」ことがわかります。共有しようとしていないのですから。

自分と世代の違う、育った時代環境が違う人にこそ、「コミュニケーション」をとることが必要なのです。何を考えているかを探る。わかるように努める。コミュニケーション機会を十分にとれるように計らう。それがまさに「コミュニケーション能力」です。それをしようとしていないこと（自らが、コミュニケーションマインドとスキルが不足していること）を白状しているだけです。

日本人同士なら、お互い言葉は通じるはずです。知らない（最近の）言葉に対しても、「なんだ、それは！」「わからん」と理解放棄するのではなく、若い人に聞く、ネットで調べる、まず、そこから始めましょう。わからないからこそ、違うからこそ、「コミュニケーション」をとり、通じ合おうとするのです。途中で簡単に諦めてはいけません。

【スキル1】 コミュニケーションは聞く、話す、質問するの3つから成る「聞く・話す・質問のスキル」

話すことと聞くことのどちらが好きですか

私の研修で、「皆さんは、話すことと聞くことはどちらが得意ですか」と受講者に質問すると、これまでの経験では、「(どちらかというと)聞くことです」という答えが多く返ってきます。

続けて、次の質問もします。「それでは、皆さんは、話すことと聞くことのどちらが好きですか」。この質問の答は、そのときの参加者によってまちまちですが、最初の質問よりは「話すこと」のほうが増える傾向にあります。

さあ、本書を手にしたあなたはどちらでしょうか。

「人は、話を聞くことより、話すことのほうが好きだ」。これが私の結論です。

もちろん、話好きな社交家や物怖じせず堂々とプレゼンができる外向的なタイプから、人前でしゃべることを嫌う内向的なタイプまで、人の個性は様々です。

それでも、私は、「どの人も(本当は)話すことが好きだ」と言う結論を変えようとは思いません。

というのは、キャリアコンサルタント(就職相談)の仕事をしてきた私自身の実体験として、「誰もが自分の話を聞いてもらいたいという気持ちを持っている」と、繰り返し繰り返し、強く感じてきたからです。

いつもはあまりしゃべらない内向きの人が、堰を切ったように話すところ。最初は、ポツポツと呟くだけだった方が、次第にご自身の深い心情を吐露し始めるところ。そんな劇的な場面ではなくても、多くの人は自分のことに関心を寄せ、また認めてくれている人、親身になって話に耳を傾けてくれている人に対しては、自分の考え、自分の気持ち、自分のことについて、ついつい話してしまい、そしてさらにはもっと話したくなるものなのです。

自分のことを聞いてほしいということは、自分をわかってほしい、今のままの自分を認めてほしいという承認欲求があるということ。人は、他のどんな事柄よりも、自分自身に対して、最も深い関心を持っている存在なのです。

話を聞くことはそう簡単ではない－３つの「キク」

最初の質問「話すことと聞くこととではどちらが得意ですか」では、「聞くことが得意」と答える方が多かったというお話をしました。しかし、これは「どちらかと言えば」そうだという回答であって、私がカウンセリングで体験したような「日頃無口な人が、堰を切ってご自身の深い心情を吐露してしまう」くらいの「聞き方」は、簡単にできることではありません。

実は、「キク」には、３つあります。「聞く」と「聴く」と「訊く」です。

聞くは、相手の話している言葉をキクことです。

聴くは、相手の話している言葉だけではなく、話している相手の気持ち・感情や考え（意図、意味づけ、理由等）までもキクことです。「聴く」ためには、相手の発した言葉を耳で受け取るだけではなく、相手の声の調子や表情・身振りから発せられているメッセージまでをすべて受けとめなくてはなりません。この「聴く」は、相談にのるときには必要不可欠なスキルです。詳しくは、【スキル5】人は聞いてくれる人の話を聞く「まず聞くことから始めるスキル」でお伝えしましょう。

最後の「訊く」は、相手に問いかけをして、促して、さらに話したいことを引き出すことです。この「訊く」については、【スキル7】問われることで答えが出る「質問で答えを引き出すスキル」でさらに深めていきます。

質問は、聞いているのですか、話しているのですか

「皆さん、質問はどんなときにしていますか」―これも私が研修でよくする質問です。

よくある答は、「自分がよくわからないときに」「自分の考えを確認したいときに」「知らないことをさらに理解するために」等。どちらにしても、これらの質問は、自分のためにする質問といえます。

この他に、「相手のための質問」があります。相手が言いたいことをさらに引き出すための質問、

【図表１　「聞く（受信）」と「話す（発信）」と「質問」の活用で共有化を深める】

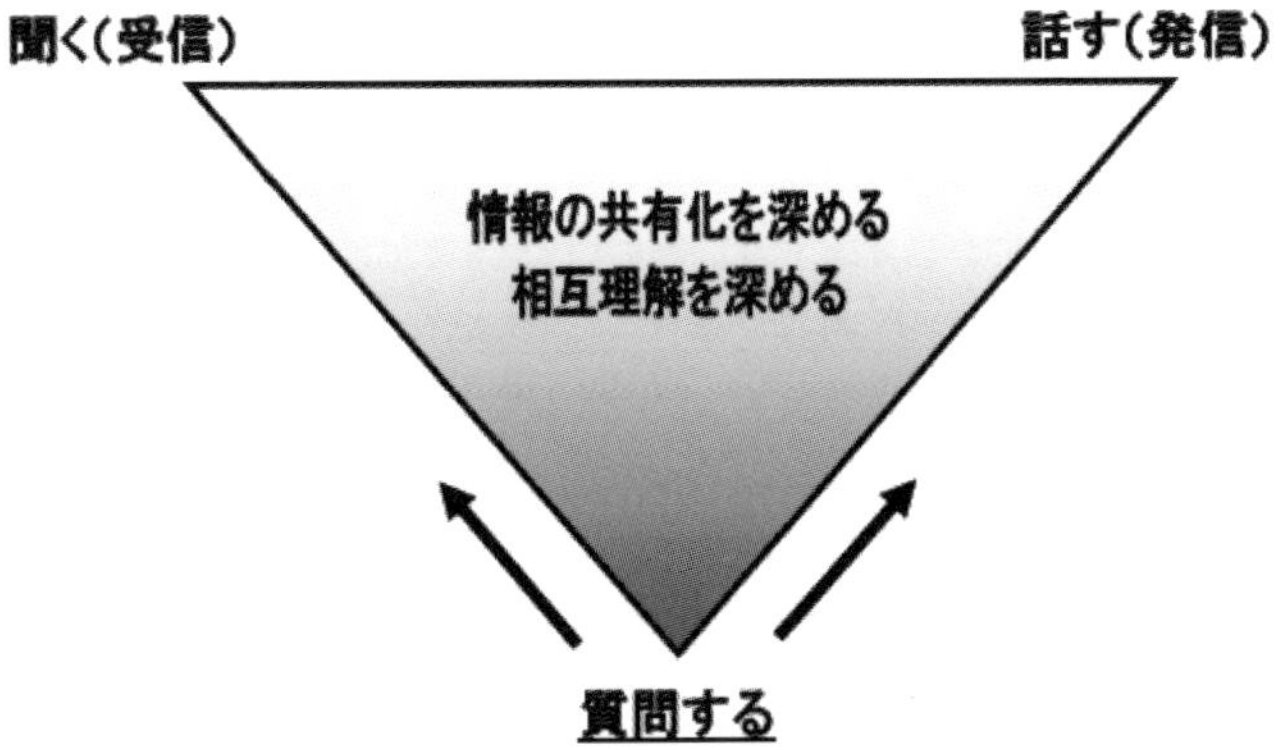

相手もハッキリ認識していない曖昧な点を明確にさせるための質問、相手自身が迷っていることを決断させるための質問等です。他には、双方の理解を確認するための質問もあります。これは、「自分と相手両方のための質問」と言えます。

ところで、「質問は、聞いているのですか、話しているのですか」。こんな質問をされたら、あなたは、どう答えますか。これには、「聞いている」、「話している」両方の答が返ってきます。

それに対して、私が、「質問をしているときは聞いていませんよね」、または「質問自体は何か話したいことを伝えているわけではないですよね」と返すと、皆さん少し困惑した顔をされます

口頭のコミュニケーションは、「話す」と「聞く」から成っているといわれますが、「質問する」は「話す」と「聞く」のうちのどちらなのでしょうか、ちょっと

困ってしまいますね。

私の答は、コミュニケーションは「話す」と「聞く」の2つだけではなく、もう1つ「質問する」を含めた3つから成っているというものです。そう考えるとスッキリしませんか。

この考えでは、日頃あまり意識していなかった「質問」がクローズアップされます。

先に述べたように、「質問」で話していることについての自分の理解を深めることができます。また、双方の理解している内容の確認、共有化、そして何が合意して何が合意できないかもハッキリさせることができます。

さらには、質問することで、話し合っている相手の考えを明確にし、理解を深めて、よい結論へ導くこともできます。新しいアイデアが生まれてくることさえできます。

私は、「アクションラーニング（質問会議）」を研修やコンサルティングで活用しています（本書では、これ以上は詳述しませんが、関心のある方は、巻末の参考図書をご参照ください）。

この「質問し合う」会議は、とても効果的な手法です。特に、単なる「話合い」では解決が難しい複雑な現実問題の解決に成果を生み出します。1人で考えるよりも、お互いの意見を述べ合っているより、質問し合って、その意見（結論）の理由、根拠、背景を理解し合うことで、問題を深く、広く見直し、「本質」を掴むことができます。コミュニケーションの本質的な意味「共有化」が深まるのです。

コミュニケーションを成り立たせる「話す」「聞く」「質問する」の3要素ついて考えてきましたが、どうでしょう。皆さんの職場では、このコミュニケーションの3要素をどのように展開されていますか。

聞く・話す・質問のスキル

さて、本書は、これまで述べてきたリーダーに必要なコミュニケーションの3要素、「聞くこと」「話すこと」「質問すること」を効果的に活用するためのヒント集です。職場コミュニケーションの基本である「報連相」と、さらに職場で展開する際のコミュニケーションに関する相談への回答も含めて、実践的な61のスキルにまとめてみました。

スキルといっても、本書では、「技能・技術」という行動能力だけではなく、知識、認識能力までを含めて考えています。考え方とか、姿勢（マインド）と表現されるような態度やスタンスまでをスキルとして捉えているのです。

ただし、スキルというのは、使える、身につけているという意味合いを含んだ言葉です。ですから、知識として知っているだけに留まらず、実感としてわかっている、常にそう考えている、その姿勢で常に臨んでいるというように、習慣化することでスキル化したと言い得るのだと思います。

61のスキル1つひとつについて、実際に自分はどのようにしていたか、自分の認識・態度・行動を振り返る本、なぜそのスキルが役立つのか意味・目的・メリットを掴み直し、認識を新たにし、どのような場面で、どう使うかのノウハウを習得するための本なのです。

2　リーダーのコミュニケーションで大切な3つのことを考える

さて、それでは、皆さんは、職場のリーダーとしてとるコミュニケーションに大切なことは何だと考えていますか。

リーダーのコミュニケーションで大切な3つのことについてこれからお伝えします。

【スキル2】　効果的なコミュニケーションをとるための「3つの視点のスキル」

その1つ目の大切なことは、「常に意図的である、相手中心、自己を振り返る」という3つの視点からコミュニケーションのやり方（手段・方法）を考えることです。

コミュニケーションに限らず、リーダーとして適切な手段をとるためには「どうしたらいいか」と手段を考える前に、少なくとも3つの視点で（しかも、同時並行で）考えることが必要です。

1つ目の視点は、何のためにコミュニケーションをとるのか「意図（目的）を明確にする」ことです。

【図表２　３つの視点】

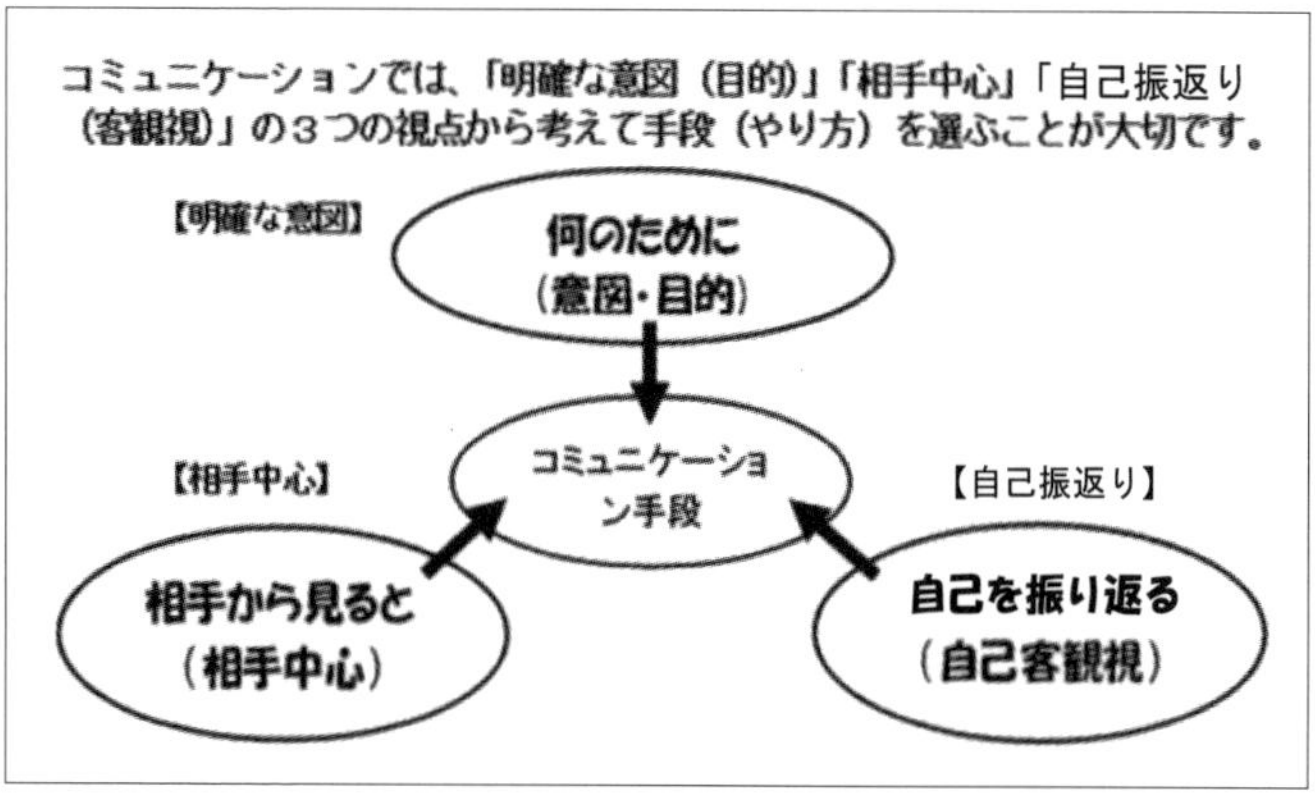

出所：「真・報連相のハンドブック」糸藤正士著より、著者の承認を得てアレンジ。

例えば、仕事の指示をするときであれば、①言ったとおりに間違いなく実行してもらうため、②目的を伝えて具体的な進め方は自分で考えてもらう（任せる）ため、③課題を提示して、解決目標やその具体策まで自ら考えてもらうため等です。この３つの意図では、その仕事の指示の仕方（任せ方）は異なってきます。

２つ目の視点は、コミュニケーションを「相手中心」で考えることです。先に述べた仕事の指示（任せ方）の３つの意図のどれであれ、指示する相手（部下）によって、伝え方も考えなければなりません。相手が新入社員とベテラン社員では、それぞれに適切な伝え方も違ってくるわけです。

３つ目の視点は、リーダーである自分自身の意識・態度・行動を常に「客観的に振り返る」ことです。

１つ目の視点の「意図的」コミュニケーションについては、皆さんはいかがでしょうか。何のためにするのかを意識せずに、習慣に従っていると意図が明確でない場合がよくあります。

例えば、毎朝の挨拶です。今朝、あなたは、出社して職場に入ったときに、誰に対してどのような挨拶をしたか覚えていますか。100%再現することができますか。多くの人はうろ覚えであり、おそらくこうしていただろう、という感じではないでしょうか。

つまり、意図的、意識的な挨拶をしていないということです。単なる無意識的、習慣行動になっているのです。

2つ目の「相手中心」でコミュニケーションをとることについては、どうでしょうか。相手が誰であろうと、いつもと同じやり方で指示したり、誰の相談に対しても同じ対応をしたりしてはいませんか。

誰が、どんな相談をしても、「それは難しいね」という同じセリフしか言わない上司、あなたが部下ならどう感じますか。それが、上司としては意図的な発言（自分で考えさせるため）であったとしても、そのときの状況や部下の気持ち、反応を感じ取らず、それで終えてしまっては、本来の「自分で考えさせる」という意図どころか、単にやる気をなくさせることになっているかもしれません。

意図を明確にしても、常に相手は皆違うので、その1人ひとりの相手の立場、考え方に立って考えて、最適なコミュニケーションを選択することが必要なのです。

3つ目の「自己振返り」については、次のようなときどうしているかを考えてみましょう。

指示した後に、相手が言ったとおりに行動せず、違ったことをしてしまった。相談した後に何も言ってこない、報告もない。

このようなときに、「困った部下だ」で片づけてしまっていませんか。自分自身の指示の仕方に何か問題はなかっただろうか、相談に乗ったが、本当に相手の希望に応じた相談ができていたのだろうか、と考えることです。

常に、明確な意図を持って、かつ、相手の思いや立場を把握して、適切で妥当な対応ができるという完璧なリーダーはいません。

だからこそ、いつでも自分自身を振り返ることが必要なのです。自分自身を自己評価して、さらに何をどうしたらよりよくなるのかを考えて、改めるということです。

ここでいう振返りは、終わった後のタイミングだけではありません。これから面談やミーティング等を行う予定が決まっている場合にも、振返りは有効なのです。こんなことは十分注意して話そう、聞こうという自分のやり方についての事前準備やシミュレーションになるからです。

さて、この3つのポイントの中で、何が一番実践するのが難しいでしょうか。

「人のふり見てわがふり直せ」という言葉がありますが、誰もが、自分自身を見ることはできないのです。この点から、3つ目の「自己を振り返る」のが一番簡単ではないと私は思います。

「3つの視点」からコミュニケーションの最適手段を考えること、これも基本スキルの1つです。

【図表3　コミュニケーション（情報共有化）の「3つの通じる」】

言葉が通じる （知っている）	事実情報の共有化 ●文書・メール・ＦＡＸ・マニュアル・伝達会議・社内報・ＨＰ・ビデオ	聞く
意味が通じる （わかっている）	意味・目的の共有化 ●説明・説得・確認・聴き合い・相談・問題解決会議・位置づけ情報	訊く
思いが通じる （考え方が揃っている）	思い・考え方の共有化 ●質問対話・共感・共通体験・実践行動・ふり返り・気づき	聴く

【スキル3】 コミュニケーション「3つの通じるスキル」

2つ目の大切なことは、「通じる」には3つあるということです。コミュニケーションは、伝達するだけではなく、「共有化する」こととお伝えしました。この共有化できたことを、別の表現では「通じる（通じた）」とも言います。

日本人なら日本語が通じます。アメリカ人・イギリス人なら英語が通じます。もちろん、外国人でも、日本語ができる人には日本語が通じますし、英語が使える人同士も通じます。

例えば、「JR山手線渋谷駅から、東京駅に行くためにはどの列車に乗ればいいですか」というような日常会話でしたら、この言葉が通じることで特に問題は生じません。

職場で、「ウチの職場は、コミュニケーションがうまくいっていないね！」と誰かが言ったときに、そこにいた他の2人がともに「そうだね！」と言ったとすれば、これにより言葉が通じたように見えます。

ところが、言った当人は「仕事の報告や連絡が悪い！」と思っていたのに、聞いた同僚の1人は「上司と部下の間に溝がある」と理解し、それを聞いた別の1人は「指示したことがちゃんと理解できていないメンバーがいる」と思っていたりするのです。

「コミュニケーションがうまくいっていないね！」という言葉だけは通じていても、それぞれの意味内容は別々で、共有化されていなかったりするわけです。

この3人がさらに話し合って、「そうだね、報告がよくないことはよくあるね」と、「コミュニケーションがうまくいってないね！」と言ったことの意味が共有された（通じた）とします。

意味が通じあっても、それでＯＫとはなりません。最初に言った人には問題意識があり、「もっと報告をよくするようにしよう」と思っています。が、あとの2人のうちの1人は、「それは上司があまリメンバーのことを考えていないからしょうがない」、もう1人は、「まあ、それでも大した問題ではない」。

このように、意味が通じても、問題意識の有無、解決への意思のズレなど、思い（姿勢）がなかなか一致しないことは少なくないのです。

この思い（姿勢）や考え方の共有化ができている職場、言い換えると「気持ちが通じ（てい）る」職場が、共有した問題意識に基づいて、同じ目標に向かって、行動することができる職場です。

皆さんの職場では、この「３つの通じる」（共有化）のそれぞれの度合はいかがですか。

【スキル4】「3つの意識状態を切り替えるスキル」

これまで、コミュニケーションをとる上で考えるべき大切な「3つの視点」、そしてコミュニケーションの共有化の度合い「3つの通じる」をお伝えしました。

3つ目の大切なことは、コミュニケーションをとる際の意識のあり方です。

コミュニケーションをとる際の意識状態には3つあります。

1つ目の意識状態は、「自分に意識が向いている状態」です。

自分で考えて仕事をしているとき、パソコンに向かってメールを打っているとき、電話をしているとき、普通は自分自身が何をどうしているかに意識が向いているといえます。自分の言いたいことを伝えるときもそうです。この意識状態では、自分の考えや判断が明確であり、自分の考えに焦点が当てられ、そのことにこだわります。

2つ目の意識状態は、自分の考えや判断ではなく、それを脇に置いて、まず相手の話を聞こうというように「相手に意識が向いている状態」です。

相手の話を真剣に聞いているときには、意識は相手に向きます。上司の指示や依頼事項を聞いているとき、営業担当者がお客様の要望を伺っているとき、現状の課題をヒアリングするときなどもそうでしょう。その場合でも、話を聞いたらすぐに自分で判断したり、評価したりすると、すぐ意

【図表４　コミュニケーションの３つの意識状態を切り替える】

通常の状態（無意識的習慣）では、多くの場合、「自己に意識が向いている」状態となっています。

他者とコミュニケーションをとるときには、「相手に意識（関心）が向いている」状態が必要です。

そして、リーダーは、「自己と相手とその場全体に意識を向けて、状況を客観視（第三者の視点）している」状態になれることが必要です。

識は自分に向くことになります。

最後に、３つ目の意識状態は、「自分と相手だけではなく、その場の状態を第三者の視点でとらえている状態」です。非常に冷静な会議の議長のようなもので、発言者の言葉を聞き、場の反応も感じ取っています。

この状態のことを表すのに、私が研修で使っている言葉は、「幽体離脱」している状態です。あたかも、自分自身の意識が自分から出て、自分と相手とその周囲の状況全体を上から眺めることができているという状態です。別の言葉では、「メタ認知」と表現されたりもする意識（認識）のあり方です。

この状態になると、自分自身を客観視できますので、自分で自分を「あ～あ、こんなバカなことをやって」とか、「(自分のことを) オマエ、ずいぶん緊張しているな！」「わかっているのにやっちゃうんだよな」という感じで見ることができています。

そうなると、自分のイライラを減らしたり、緊張を和らげたりすることができ、自分で自分のご機嫌を取るとか、慰めることもできます。つまり、自分自身の特に感情や意識の切替えなどのコントロールができやすくなるのです。

普通は、他の人から言われて気づくことが多いものです。この3つ目の意識状態に自由に切り替えられることができると、セルフフィードバック機能が身についたことになります。

3　3つのコミュニケーション手法―カウンセリング、ティーチング、コーチング

コミュニケーションは、「聞くこと、伝えること、質問すること」の3つの要素から成っているということは、すでにご理解いただけたと思います。

そこで、まずは、最初の「聞くこと」について考えていきます。

皆さん、人の話を聞くことは、簡単なことでしょうか。

「聞くなんてことは簡単にできることでしょ。ただ、こちらから言わないで、または、言いたいことを我慢して、相手の言葉を黙って聞けばいいんでしょう」と答えた人は、確かに言葉だけを「聞く」ことはできるでしょうが、【スキル1】で述べた「聴く」ことまでできていると思えません。

これから「聞く」ということは、この「聴く」または、傾聴する（相手の言わんとすることの本

当の意味までを理解しようとして、積極的に聞くこと）までの意味を含めて考えることにします。

特に、一般的な「聞く」と区別して使うときには、「聴く（傾聴する）」と記します。

さて、ここからリーダーに必要な「聞き方（聴き方）」を中心とした「カウンセリング」、「話し方」を中心とした「ティーチング」、「質問の仕方」をメインとする「コーチング」、この３つの手法の基本について一緒に学んでいきます。

【スキル５】人は聞いてくれる人の話を聞く「まず聞くことから始めるスキル」－カウンセリングとは、「聴き方」と受容・共感できる態度とスキル

「聞き方」について、ここでは「カウンセリング」という言葉を使って、その考え方と内容を理解し、習得していきます。

皆さん、カウンセリングという言葉を聞くとどんなイメージが浮かびますか。

精神医学や心理学の専門家である精神科医や臨床心理士が行う心理療法としての「カウンセリング」、またキャリアカウンセリングとか、結婚カウンセリングなどの様々なテーマの相談事に対応するということもありますね。

カウンセリングとかカウンセラーとまでいかなくても、悩み事に対して「カウンセリング的」な

対応するというようにも使われます。

カウンセリングマインドの３つの基本

本書は、組織（企業、役所、病院、各種団体）の中でリーダー的な立場に立つ人のための本です。その意味で、カウンセリングの考え方・姿勢や対応も、組織のリーダーに役立つ活用法として考えます。

リーダーとして、カウンセリングの考え方・姿勢や対応を活かしていく「カウンセリングマインド」の基本は、次の３つです。

① 相手の存在や考え方を受容すること

相手の話していることをすぐに評価、批判、否定したりせずに、相手を尊重して「あなたはそう感じたのですね」と相手の考えや思いをそのまま受け止めることです。

② 相手の話を共感的に理解すること

「それは大変でしたね」「私も同じ目に合ったらそう感じると思うよ」と相手の立場や状況に立って共感して理解することです。相手の心に寄り添うこととも言えます。

③ 受け止めている自分自身に率直であること

話を聞いていて、わからないことは率直にわからないと言ったり、「それはどんなことからそう感じたの？」と質問をして、確認をしたりすることです。その結果、お互い、率直に言えるし、聞けるようになります。

あなた自身が、質問・相談事や自分の考え（意見・提案）について話をしたとします。相手に、この３つの姿勢とは真逆な対応をされたとしたら、あなたはどう感じますか。

例えば、話を少ししただけなのに、「いや、それは問題ではないでしょう」「そんなこと普通の人はそう考えないいんじゃない」と否定や意見を言われる。あるいは、話を聞いてくれたものの、十分に言いたいことを全て話して理解してもらう前に、「そう考えるとは、私には理解しがたいね」「なんでそう考えるの、それはおかしいでしょう」と判断・評価される。「そうだねえ、それはちょっと難しいね。どうしようかね……」と言ったきりで何も応えてくれない。

それとは逆に、「なるほどそれは大きな問題だ、とあなたは思ったのですね」「人によって考えは違うけれど、君の立場だとそう思うことは十分理解できるよ」「君の言うことはわかった。それでいくつか確認してもいいかな」と言って「○○はどうしてそう思ったの？　もう少し詳しく教えて」と質問して自分の話を聞いてくれる。

どうでしょう？　この対応の相違は、話をする（聞いてほしい）側にとっては、かなり大きな違いではないでしょうか。

管理・監督者が参加者となる私の研修で、いつも行う「これまでの（部下としての）体験から、優れた上司・リーダーと困った上司・リーダーとの違いは何ですか」を参加者同士で話し合うという実習があります。

その中で、一番多い回答が、「部下の話を最後まで聞いてくれない、きちんと理解してくれない上司」「求めていることを聞いてくれないで、違うことを言ってくる上司」なのです。

人は話を聞いてくれる人の話を聞く

人は自分の話を聞いてくれる人の話を聞くのです。

先に述べた「受容する姿勢」「共感的理解」「率直に言える（言い合える）関係」をベースにしたリーダーのカウンセリングマインドによって相手を受容し、理解・共感し、話し合える関係になる。これは、本書で学び始めた61のスキルのなかでも最重要な基本の1つといえます。

すぐできる、できないは、ひとまず置いて、まず、今のご自身がどれくらいできているかを振返ってみましょう。もちろん、本書を読んで学ぼうとしているあなたですから、すでにできていることは遠慮なく認めて（自己承認して）くださって結構です。

このリーダーとしての「カウンセリング」実践のスキルについては、さらに、第2章の部下・先輩とそして上司とも「話が通じる」関係になるための7つのスキルにおいて具体的に学んでいきます。

【スキル６】　相手がわかるように話すには「相手に伝わるスキル」　―ティーチングとは、教え方（相手にわかる伝え方）

２つ目の「話し方」では、特にリーダーとして必要な部下やメンバーに教えること、つまり、「ティーチング」する際の伝え方のスキルが重要となります。

「ティーチング」の意味・目的は、何でしょうか。

組織のリーダーが行うティーチングは、「仕事に習熟した人が、未経験者・初心者（初級者）に対して、その知識・スキル、ノウハウ・経験を伝えて、習得してもらうこと」です。

「ティーチング」する側に必要な基本姿勢は、まず結果は相手に表れるということを十分に認識することです。最終的には、必要なことが習得されて、できるようになって、「教える」が成し遂げられたと言えるのです。何を言ったか、どう伝えたかではなく、相手にわかるように伝わって理解され、習得されたかどうかです。

もちろん「ティーチング」では教える（上級者）と教わる（初級者）の２つの面の双方のやりとりがありますので、教える側である上級者だけに１００％責任があるわけではありません。

コミュニケーションは50：50（１００：０はない）

コミュニケーションは、発信側の話し方（伝え方）と受信側の聞き方（受け止め方）で成り立ちます。つまり、双方のかかわりによってできるものなので、どちらか一方がコミュニケーション（内容や意味の共有化）のすべてを決めるというわけにはいきません。

言い換えると、コミュニケーションがうまくいったとき、うまくいかなかったとき、どちらの場合でも、双方に原因（責任）があるのです。

例）報告が悪い部下を、叱責し続ける上司

例）「あれほどわかるように言ったのに、なぜわからないんだ！」と怒る社長

この2つの例の上司、社長は、相手がすべて悪い（１００）、自分に責任はない（０）という姿勢「１００：０」の人です。しかし、割合の大小はあるかもしれませんが、１００：０はないのです。50：50（フィフティ：フィフティ）と考えたほうが、建設的な関係を築くことができます。つまり、「伝わらないのは双方に責任（原因）があり、変えることができるのは自分の行動」と考えたほうが早いし、楽だし、成果を上げる可能性が高いのです。

相手にわかるように話すためには、相手のレベル、タイプ（特性）、ニーズ（期待・希望）を理解しなくてはなりません。しかし、事前にそれらをすべて把握することは、もちろん簡単ではありません。というわけで、相手に伝える（教える）ことをしながら、把握するのが現実的ということになります。

具体的には、相手に伝わったかどうかの確認をすることです。この確認をするにも、いくつかの

方法があります。相手の表情や反応を見て察知すること、他には、質問して確認すること等です。

これらは、教えるときだけではなく、指示するとき、報告や説明するとき、交渉・折衝をするときなど、あらゆる場面で活かすことができる、リーダー必須のコミュニケーションスキルです。

【スキル７】問われることで答が出る「質問で答を引き出すスキル」
－コーチングとは「質問の仕方」と可能性を信じる力

コミュニケーションの３つ目の要素「質問」を中心に、職場のリーダーが活用する手法として「コーチング」があります。

「コーチング」は、一般的には、指導育成することを意味する言葉です。コーチというと、やはりスポーツのコーチが直ぐ思い浮かびます。実は、マネジメントにおいては、「ティーチング（教える）」と対照的な位置づけにある指導育成方法とされています。

「ティーチング」は、前項で記したように、教える側（指導者）が上級者として、指導される側よりは多くのまた質の高い知識・スキル、経験があることが必須です。

一方「コーチング」では、指導者（というよりは支援者）は知識・スキル、経験の量・レベルがある程度以上あることが絶対的な必要条件ではありません。

指導される側（今後は「メンバー」とします）本人が、自ら考えて、認識を深め、判断をして、行動することを支援することがメーンです。

本書では、コーチングとは「リーダーがメンバーとの質問を中心とした対話を通して、メンバーの物事の認識・思考・行動のレベルを高めて、メンバー自身が能力向上、仕事の目標達成や課題解決を主体的に進めていくように促進・支援すること」と考えます。

「カウンセリング」でもメンバーの話を聞いて（傾聴して）、質問も行いますが、狙いは、感情を整理させ、悩みや障壁を解消することにより、前向きな気持ちになれるように支援することにあります。

それに対して「コーチング」は、メンバー本人の「よりよい業務遂行、目標達成、課題解決」までを目指して行われる対話型コミュニケーションです。

この「コーチング」のコミュニケーションの中心となるのが、「質問」のスキルです。

質問は誰のためにするのか

研修で、「皆さんは日頃、どんなときに質問をしますか」と参加メンバーの方にうかがうと、次のような回答が出てきます。

「自分がわからないことを、詳しく教えてもらうために」

「聞いたことのない言葉を説明してもらうために」

「自分の理解したことが正しいかどうか確認するために」

このような質問は、誰のための質問でしょうか。質問する本人自身が教えてほしいこと、知りたいこと、確認したいことです。したがって、質問する本人のためと言えます。

その他には、お互い同士が理解し合うための質問、自分の意見や提案を相手がどの程度理解しているのかを確認するための質問、相手が反対する理由を聞いて相手との合意を取るためにする質問等があります。

前述の質問に対して、「コーチング」では、次のような目的のために行われる質問が多くなります。

「何が一番の問題（または目指すべき目標か）かを明確にするために」

「相手が何を、どうしたいと思っているかを明確にするために」

「問題の解決（または仕事の課題達成）のために、何をするかを選ぶために」

つまり、目指すべき目標の達成や解決すべき問題の解決のために、相手が何をどのように考えて何から始めるのかを明確にするため、つまり相手のための質問です。

それは、相手自身が自ら学び、その能力を開発・向上させることを支援する質問です。

コーチングの質問の意識状態とあり方（**心の姿勢**）

これらの３つの質問を効果的にするのが、先に述べた【スキル４】「３つの意識状態」との関連性です。

自分のための質問は、ⅰ自分に意識が向いている状態で構いません。自分が理解できたかどうかが中心となるからです。

自分と相手と双方のための質問になると、ⅰの意識状態だけではなく、ⅱ相手に意識を向ける状態が必要となります。ⅰとⅱの状態の相互の切り替えとなります。

そして、相手のための質問で、基本はⅱの状態で、時にはⅲ自己と相手とその場全体へも意識が向いている状態までが必要となります。ⅱとⅲの状態の相互の切り替えとなります。

「相手のための質問」を活かせるリーダーには、次のような基本的なマインドが求められます。
① 人は、誰もが、現在の状態からさらによりよく変化する可能性がある
② 人が持っている問題を解決する力（リソース）に焦点を当てる
③ すでにあるものの中からできることの小さな変化が大きな変化につながる
④ 人は皆独自の存在である（誰も間違ってはいない。人はそれぞれに正しい道を歩んでいる）
⑤ 問題よりも解決に意識を向け、「うまくいっていること」「可能性」を見つけてそれを増やす
以上の5つの意識のあり方（心の姿勢）から発せられる質問によって、「解決（達成、実現）するための自分自身の答を見つけることができる」のです。

第2章　部下・後輩、上司とも「話が通じる」関係になる7つのスキル

―相互に話ができ、意味と気持ちが通じる「カウンセリング」

第2章では、カウンセリングの基本【スキル5】「まず聞くことから始めるスキル」で述べた「受容する姿勢」「共感的理解」「率直に言い合える関係」をベースにしたリーダーのカウンセリングマインドによって相手を受容し、理解・共感し、話し合える関係になる7つのスキルを学びます。

【スキル8】 挨拶、声かけをする「存在承認のスキル」

あなたは、朝、職場に来て会う人に、どんな挨拶をしていますか。

「おはようございます」「おはよう」「元気！」「調子どう？」、その場にいる1人ひとりに挨拶する人、黙って頭を少し下げるだけ、目を合わせる程度、等々。

その「おはよう」の声の大きさ、調子は、どんな感じですか。

そもそも、毎朝どんな挨拶をしているのか、自分でわかっていますか。

私は、朝一番から始まる研修では、30分以上前に会場に着いて、講師席や後ろの事務局席に座って、研修会場に入ってくる参加者にこちらから声をかけて挨拶をします。その挨拶の反応で、その会社や参加者の雰囲気やコミュニケーション環境をある程度感じ取ることができます。

研修のテーマが「コミュニケーション」の場合には、その後、研修の中で「今朝この研修会場に入るときにどんな挨拶をしましたか」「１００％再現できる人はいますか」と問いかけます。

多くの場合、「そう聞かれるとハッキリしないな」等の反応が返ってきます。

挨拶は、多くの人にとって、無意識的、習慣的な儀礼行動となっています。

きょうは天気が悪いから、逆にいつも以上に元気で明るい声でみんなに挨拶して、職場を明るくしようとか、きょうはみんなの反応をよく観察しながら挨拶しよう等と、いちいち毎朝の挨拶の仕方を考えながらする人はいないでしょう。

さあ、それでは、きょうから（今、職場にいなければ、明日から）、あなた自身からこれまでよりも明るく、元気な声で意識的に挨拶してみましょう。自分自身の気持ちを毎朝元気にしながら、挨拶をすることで、周囲に小さくても影響を与えることができます。何か少しずつでも変わってくるかもしれません。

挨拶の効用とメリット

挨拶は、相手の存在を認めることであり、自分の存在(来たよ)を知らせることでもあります。また、コミュニケーションのスタートでもあります。

さて、「おはようございます！」等の挨拶をするメリットは何ですか。３つ挙げてみてください。

……

研修でしたら、ここで30秒～1分くらい待って答えてもらいますが、本ではそれもできないので、次に述べます。

職場のリーダーとして、率先して「挨拶」をすることのメリットは、少なくとも6つあります。

①　元気な挨拶で自分の気持ちも元気になる。

②　リーダーの挨拶から、職場も明るく元気になる。

③　お互いに意識を向け、関心を持つことができる。
④　メンバーからのコミュニケーションがとれやすくなる。
⑤　同時にリーダー（自分）からもとりやすい。
⑥　メンバーの様子やその日の調子を見ることができる。

印象に残る挨拶は、声とその大きさだけではありません。こちらを見て挨拶をしてくれる、笑顔での挨拶、挨拶だけではなく声かけをしてくれる、その表情や態度が大事なのです。

少し丁寧で優しい口調で挨拶をする。挨拶は、コミュニケーションの第1歩、報連相のウォーミングアップ、発声練習でもあり、明るく仕事を始める大事なスキルです。

職場のみんなが、朝に「おはよう」と明るく元気な挨拶ができていて、帰りにはお互い「お疲れさま」の挨拶で締めくくる存在承認ができていれば、当然、お互いがコミュニケーションを取りやすく、自然、職場での仕事の結果や状況を伝える「報告・連絡・相談」も円滑になります。

挨拶ができていない新人、またベテラン社員もいるでしょう。そのことを個人の問題にしていませんか。これは、職場の環境問題です。職場のリーダーとしては、「挨拶」がしっかりとできている状態をつくることは責務の1つ。職場のコミュニケーション環境をよい状態に保つことは、お互いの信頼関係をしっかりとつくる土台の1つなのです。

もう1つ、職場リーダーとして相手を認めるのが声かけです。具体的には、相手の挨拶の声が明るかったら「元気そうね。いいことあったの？」。少し元気がなければ「どうした何かあったの？」、その他、相手の好きなことの話題など。挨拶同様、話のしやすい雰囲気づくりに役立つのです。

【スキル９】相手のことをよく知る、理解する「理解と判断を区別するスキル」

人を知るための情報

人を知る、わかるのは、簡単なことではありません。

顔を見知っている（見たことがある）から、幼なじみで、子供の頃からもう30年以上の付合いで、何でもよく知っているまで、人を知っている（わかっている）度合には大きな幅があります。

人を知るための情報を次に挙げます。

氏名、生年月日、年齢、血液型、星座、出身県（都道府県）、身長、体重、好きな食べ物、靴のサイズ、持っている資格、特技、趣味、嗜好、学歴、経歴（経験）、家族構成、住所、携帯番号、メールアドレス、等々。

最近は、個人情報保護法も浸透して、プライバシー領域が拡大し、同じ会社、同じ職場の人だからといって、何でも知ることはできません。

それでも、相手のことについてよく知っていること、それ以前に関心を持つこと、理解しようとすることは、リーダーの心得その１みたいなものです。相手と話をする頻度が多ければ、自然とその相手についての情報が入ってくるものです。

さて、あなたの会社、職場メンバーについて、どのくらいよく知っていますか。

相手のことをよく知ることで、共通の話題もできますし、相手の背景や経験等を理解することで、相手にわかりやすい話し方を工夫することができます。

先に挙げた各項目は、その人の属性や特徴づける要素です。このようなその人を構成する要素から理解することを「分析的理解」といいます。その人を知る、わかるということは、この「分析的理解」から、さらに相手の人間性や価値観、信条なども含めたその人自身を理解していくということです。

そのためには、相手の行動・態度をよく見ること。また、相手との会話等のコミュニケーションを通して得た情報を基にして、相手の価値基準なども認識し、理解を深めていくのです。

理解と判断は別のこと

相手の人そのものを理解することと評価・判断することは違います。「いい人」「困った人」「賢い人」等は、自分・会社の有用性や社会の一般的価値基準に照らした評価・判断にほかなりません。

私たちは、人と会い、見知って、会話したり、態度行動を観察したりして、情報収集して、理解します。それと同時に、何らかの評価・判断をしているものです。

例えば、あなたとあなたの友人Aさんが、2人の共通の知人の紹介でBさんに初めて会いました。

同じ時間、同じ場所で会って、一緒に同じ会話を交わしたという共通した体験をしました。その後のBさんについて、どんな人だと理解したかを話し合うと共通する点もあるでしょうが、違う点もあることでしょう。

このようなことは、あらためて言わなくてもわかるとおりに、同じ人についてもその見る人によってどんな人かという理解が違うわけです。人の理解の仕方にも人それぞれ個人差があるのです。

ですから、リーダーとしては、その人がどんな人であるか理解する前に、自分自身の理解・判断の仕方がどのようなものなのかを客観的に振り返り、理解・自覚しておくことが必要なのです。

また、理解と評価・判断は違うといいましたが、実は、理解する中で評価することも入ってきますし、いろいろと解釈してしまうこともあります。

そして、その相手の人が自分自身をどう理解しているか、つまり、その人の自己認識・自己理解の中身を知る、ということも非常に大切です。

【スキル10】　人を理解する5つの方法「人の理解の仕方を把握するスキル」

さて、人を理解するための基本の1つは、「自分と相手（他者）と区別すること」ということです。つまり、「自分と他人は違う人だから見え方も違っているのが当然だとわかっている」ことです。「誰も同じように見てはいない」のです。

そんなの言わなくても当たり前でしょう、と多くの人は感じたかもしれません。しかし、実際には、私たちは、他者を理解するときにこの区別ができていません。

例えば、「彼（彼女）は、困った人だ」と理解したとき（これには、かなり判断が入っていますが）、他の人が「いや、彼（彼女）はよくやってくれている人だ」というのを聞くと、「それはあなた、間違っているよ。実はこんなこともあって…」と言ってしまうことはありませんか。

この言葉の裏には、「とんでもない。彼（彼女）は、困った人なんだ。そう思わない人は間違っている」という考え方ができあがっているのです。

自分と他人は違う人ということがわかっている人は、こう言います。「そうなんだ。あなたは、彼（彼女）がよくやってくれていると思っているのですね。どんなことからそう感じたのですか」と質問ができる人なのです。そして、このような問いかけをして、相手の意見の理由を聞くことができる人が、他者をよく理解できる人なのです。

自分が見えている、理解しているのは、あくまでも自分の理解であって、ある人について他の人の理解もすべてその人にとっては事実なのです。間違っている人は誰もいないのです。

自分の理解だけで決めつけることは、相手の人の理解を狭いものにしてしまいます。相手（人）を理解するのには、今の所はこういう人だと思うけれど、まだまだこの人にはいろいろな側面があると思って、プラスの関心を持って見ることが大切です。

人を理解する２つの視点

人を理解する際には、「自分と相手を区別する」ことが基本と言いました。

この考えは、人を理解するときに、相手自身の視点から理解すること、そして自分の視点から理解することという2つの面があることにもつながります。別な言い方をすれば、相手側の理屈（理由）と自分側の理屈（理由）からの2つの方向から捉え直すということです。

1つ目の相手側の理屈（理由）からの理解というのは、相手がした発言や態度、行動などを見て、できる限り相手がなぜそう言う言動をとったかを、相手自身の考え方や感じ方に沿って理解しようとすることです。

2つ目の自分側の理屈（理由）からの理解とは、相手がした発言や態度、行動などを見て、自分ならこうするはずだという自分自身の物事の認識や判断のモノサシから見て理解することです。

前者の理解の仕方は、できる限り相手に近づこうという姿勢です。そうは言っても、私たちは、相手自身そのものになることはできません。そもそも自分と相手は違う人なのですから。

しかし、その違いを認めた上で、相手が違うことを言う（行動する～私がしないことをする）意味を探り、なぜそう行動するのかの理由をできる限り把握していこうという態度なのです。

後者の理解の仕方は、自分のモノサシで理解するということですから、自分自身のモノの見方、考え方で決めつけてしまうことになります。

相手を理解する5つの方法

相手視点（相手の理屈・理由）から理解することについては、2つあります。

その相手の視点での理解の1つが「受容的理解」です。この理解の仕方は、今そこで相手が感じていることを、相手が感じているままに受け取ろうとする態度です。相手の気持ちの微妙なニュアンスを汲み取ろうとするので、相手をこちら側のモノサシで決めつけることはしません。

また、自分の考えや判断と相手とをハッキリ区別していこうとしている姿勢です。カウンセリングには必要不可欠な理解の仕方であり、メンバーとの面接や相談、話合いでも、最初の段階ではとても有効な態度です。

相手視点での理解のもう1つは、「共感的理解」です。これは、相手の置かれた立場や価値観を理解した上で、その価値観のもとで、ある出来事を相手と同じ目線で体験し、感情面で理解することをいいます。「自分がこの人の立場だったら、自分がこの人と同じような経験を経ていたら、今のこの人と同じように感じるだろうな」と、相手の内面までを理解し、追体験し、共感することです。

自分視点（自分の理屈・理由）から理解することについても、2つあります。

その1つは「判断的理解」です。この理解の仕方は、相手の言動について「いいことだ」「悪いことだ」や「それは正しい」「それはおかしい」と自分の判断で結論づけて、それを表明することです。この理解は、相手について自分が認識したことから、自分のモノサシで判断をして、それを言っていることになります。

もう1つは、知的なレベルで相手の状況を認識把握し、相手の問題のあり方や妥当な方向性を指摘する「解釈的理解」です。この理解の仕方は、一見客観的なように見えるのですが、実は主観が強い理解です。自分の体験や経験の積み重ねに基づいた因果的な図式や枠組みから、相手の気持や考え・行動を一定の方向に限定し、勝手な意味づけをしています。自分の解釈を述べているのであって、相手そのものを真に理解しているとはいえません。

前述した「分析的理解」と合わせて、理解の仕方には次の「5つの方法」があります。

【図表5　理解の仕方の5つの方法】

□事実情報の理解
□相手視点の理解
□自分視点の理解

○「分析的理解」：相手に関しての客観的な事実情報を知ること。
○「受容的理解」：相手が感じ、考えていることをそのまま受け止めること。
○「共感的理解」：相手の感じ方を共有する、同じように感じ取ること。
○「判断的理解」：相手の言動を自分のモノサシで判断して理解する。
○「解釈的理解」：相手の言動の理由・意味を自分の解釈で理解する。

5つの方法については、日頃の自分を振り返り、自分自身の理解の仕方を把握しておきましょう。

【スキル11】 人は自分の話をよく聞いてくれる人の話は受け入れる「傾聴の実践スキル」

あなたはどんな相手の話に耳を傾けますか

自分の言うことを聞いてくれず、一方的に話し、押しつける人の話を熱心に聞く気にはなりませんよね。また、自分の話したことについての反応や意見ではなく、それから「そうそう、そういえば○○○って知っている」「それもそうだけど、実は…」と常に自分の言ったことではなく、別の話に振ってしまう人もいます。これも、「そんな話は関係ない」と言いたくなります。

逆に、あなたが話を聞いてもらいたい相手が、他にあなたに言いたいことがある場合やあなたと異なる意見を持っている場合にはどうでしょう。相手の話を聞かずさえぎって、あなたが伝えても聞かない、聞いても決して納得しない、そういう事態は簡単に起こります。

実は、あなた自身の話を聞いて貰う早道は、まず、先に相手を理解することです。そのためには、偏見を持たず、できるだけ素直に話を聞くこと。そうすることで、自分の言いたいことをわかってもらうための事前情報やヒントを得ることもできるのです。

具体的には、「でもね」「そうは言っても」等のような反応はしないで、「なるほど」等の相槌を打ちながら、相手の言ったことをよく聞くことです。さらに、「例えば?」、「他には?」、「具体的には?」と質問して、さらに話を引き出して聞くのです。

その上で、「今、おっしゃったのは○○○ということですね」「言いたかったことは□□と□□と理解していいですか」というように、相手の言いたいことを整理し、確認します。

このようにして、相手の言っていることをよく聞いて、理解・確認するのです。それから初めて、自分の意見や伝えたいことを、決めつけず、押しつけないで、ニュートラルに伝えるのです。

よく聞くことで、相手の考えや気持ちをよく理解できているので、伝え方も相手が受け止めやすいように考えて話すことができます。

もちろん、相手や状況にもよりますが、一方的に言っても聞いてくれない状況や相手に、1度試みてはいかがでしょうか。

傾聴の実践スキル

傾聴の基本は、相手の発言・意見を否定や評価せずに、そのまま受け止めることです。さらに、相手の理解を深めるためには、「共感」、つまり「相手の気持ちや立場になって考える」ことが有効。部下の表情をよく見ながら、その発言の背後にある気持ちを感じ取るのです。

・〈相手中心〉：まず相手を理解する。相手に意識・関心を向ける。
・〈保留する〉：自分の判断ですぐ評価・否定せず、「自分はそう思っている。で、相手は?」とつぶやく。「でもね…」「それは違うよ…」は禁句です。

・〈反応する〉：「なるほど」とあいづちを打ち、うなずく。部下の言葉（と気持ち）を繰り返します。

相手のペースに合わせた態度、表情で反応して対応します。

【スキル12】相手が聞いてくれていると感じさせる「言動承認のスキル」

話を聞いてくれる人

前項【スキル11】は、「人は自分の話をよく聞いてくれる人の話は受け入れる」でした。あなたは、どのような人が「よく話を聞いてくれている人」と感じますか。逆に、どのような人でしたら話を聞いてくれていないと感じますか。

自分が言いたいことを話しているときに聞いてくれていないなと感じた体験を思い浮かべながら、考えてみてください。

① 自分のほうを見てくれない人
② 何も反応せず、最初から最後までただ黙っている人
③ 他のことをしている人（ながら聞き）
④ いい加減な返事をしている人
⑤ すぐに、「でもね」と口を挟む人
⑥ 頭の中で他のことを考えている人

⑦　自分の話に関心を持っていない人

⑧　聞きながらも、自分に言いたいことばかり考えている人

他にもまだあるかもしれません。このように考えていくと、何か気づくことはありませんか。話を聞いてくれていない人のことを考えたわけですが、思い起こせば、自分自身にもそんなときがあると思いませんか。

ここに挙げた８つの「人の話を聞いてくれない人」の５つ目までは、すべて目に見える態度です。最後の３つは、実際の態度としては、目には見えませんが、そう感じるとか、そう思っているのではと思わせる人です。

さて、今考えることは、前記の逆です。相手に話を聞いてくれていると感じてもらうには、どのような態度を取るべきかです。それは、「話を聞いているよと相手が感じられる反応をすること」です。既に傾聴の実践スキルで述べた「あいづちを打つ」「うなずく」「相手の話を繰り返す」等がその反応の具体的な中身です。

その他に習慣化しておきたいことが、「相手の言動を言葉にして返す」ことです。

「先輩、少しお時間いいですか。聞いてもらいたい話があるのですが、実はE君のことなんです。彼のことを思って、いろいろと頑張って指導しているんですが、なかなかうまくいかないのです」

「そうか、E君のことを思って、いろいろと頑張っているんだ！」

というように、相手の言った言葉の中で、相手の気持ちや思いの言葉を口に出して返すのです。

挨拶や声かけは、相手を見たらポジティブな言葉がけをすることで、相手の存在承認と言いましたが、相手の言葉や態度について自分の言葉にして返すのは相手の「言動承認」と言えます。

この「言動承認」のスキルの実践は、相手の話を聞くときだけではなく、職場のメンバーについて一所懸命やってくれたり、手伝ってくれたり、頑張ってくれていることを認める言葉として大いに活用することをおすすめします。

どんな小さなことでもいいのです。相手の仕事の進め方や取組み姿勢の変化や成長、その仕事の成果などを認めて、口に出して、言葉にして相手に伝えることです。

相手の状況や行動について、いい悪いなどの評価をするのではなく、「すぐにやってみたんだね。どうだった？」とか、「毎日、続けているんだ」と相手に伝える。また、相手の行動について、自分の気持ちを伝える。例えば「いつも、素直な意見を言ってくれて助かるよ」「あなたの返信の速さは、私も見習いたいよ」。

この言動承認のスキル、相手を「認める」ためには、日常から相手の言動に関心を持ってよく見ていることが必要です。

コミュニケーションで関係を深めるためには、まずは質より量・頻度が大切なのです。とはいえ、お互いの関心のないことについて話をしても話は弾みません。お互いの関係を深めるためには、双方が相手を認め合って、共有したことを口に出し合うことが最も効果的なのです。

多くの人にとって一番の関心事は、自分のことです。自分がどう見られているのか、どう評価されているのか、好意的に見られているのかどうか等です。

その自分について、関心を持って、しかもポジティブな見方をしてくれる人が相手ならば、安心して、率直な話をすることができるのです。

【スキル13】感謝の心と言葉を口にしよう「ありがとうのスキル」

これまで存在承認のスキル、言動承認のスキルということで、「承認」を言葉にすることを述べてきましたが、感謝の気持ちを口に出すことも、相手のやってくれたことに対する「言動承認」といえます。そして、「ありがとう」と言う感謝の言葉は、誰にでも、どんなときにでも相手にポジティブ（肯定的、好意的）に伝わる万能の言葉なのです。

「ありがとう」と言われて嫌な気持ちになる人はいません。あなたは、「ありがとう」と言う言葉を、日常でどのくらい口にしていますか。

職場で、上司やお客様だけではなく、部下、後輩、他のメンバーに対して、どんなとき、どれだけ口に出して感謝の気持ちを伝えているでしょうか。

ここでおすすめしたいことは、「ありがとう」をたくさん、口にすることです。

この「ありがとう」の言葉は、人を認める（承認）ことでもあり、相手をポジティブな気持ちにします。そうした人は、また相手に「ありがとう」を言ってもらえることを続けたり、また他のことでも「ありがとう」を言ってもらえると思ってプラスの行動（積極的な行動）をとる可能性が高まるのです。そうすると、「ありがとう」をたくさん言う人は、また「ありがとう」と言いたくなることにたくさん出会うことになるのです。

そして、「ありがとう」をたくさん言う人は、「ありがとう」と言えることをたくさん発見することができる人にもなるのです。「ありがとう」はどんな人の心にも響く言葉。

今から、どうぞ。「ありがとう」。

【スキル14】 非言語コミュニケーションの活用 「非言語の活用スキル」

コミュニケーションには、「言葉（言語）」を使ったコミュニケーション手段とその「言語（言葉）」以外のコミュニケーション手段〔非言語コミュニケーション〕があります。

非言語コミュニケーションとは、具体的には、表情・視線・姿勢・身振り、手振り、また声の大きさ・調子・スピード等です。非言語コミュニケーションは、意思や思いを伝えるために非常に重要な要素です。

言語コミュニケーションと比べ、習慣的、また無意識にしている場合が多いのが、非言語コミュニケーションです。なぜなら、多くの人は、何を言うか、どの言葉を使うかは、何らかの準備をして、意識して考えて話します。しかし、どんな表情で、視線をどこへ向けるか、声の調子、早さはどのようにするかという態度・行動については、いちいち考えている人は少ないからです。

だからこそ、リーダーのみなさんにとって、この表情・視線・姿勢や声の調子・スピードを意図的に、意識的に使うことで、非常に効果的なコミュニケーションをとることができるのです。

ここでは、特に、話を聴くときの６つの実践ポイントをお伝えします。

【図表６　話を聴くときの６つの実践ポイント】

① 話をしている相手を見ること（視線を合わせる）
② ただ黙って聞くのではなく、聞いていますよと反応すること（うなずき、相槌を打ち）
③ 相手の話す速さや調子に合わせて反応すること（うなずきや相槌のテンポやタイミング、等）
④ 話を聞くときの姿勢。具体的には、体の向きや腕、足の位置（基本的に腕組みや足を組んだりしない。ただし、相手の姿勢に、鏡に映したようにして合わせることも効果的です）
⑤ 質問したり、確認したりするときの声の大きさやトーンも基本的に相手に合わせること
⑥ 相手をよく見て、呼吸を合わせること（呼吸のペース合わせ）

コミュニケーションの環境（場づくり）

非言語コミュニケーションを少し拡大解釈してみると、会話や相談・打合せなどの話をする場、環境条件も言葉以外のコミュニケーションに大きく影響する要素として見えてきます。

具体的には、相手との距離やお互いの体勢（双方が立っている、座っている、片方が立ち・片方が座っている等）、位置等です。

また、話す場所がオフィス内の机の脇で他の人も大勢いる場所なのか、応接室や会議室などの別室なのかというのも話す内容や関係により適切に選択することが必要です。会議室での机や椅子の配置、座る位置、座る場所の順番や意味づけ等もあります。

時間の要素も大いに影響されます。どれくらいの時間がとれるのか、それを共有・確認しているのかという条件もあります。

加えて、1日の中で朝・午前・午後・夕方という時間帯、さらにいえば曜日や仕事のオフシーズン、オンシーズン、仕事の繁閑なども時間条件として考えられる要素です。話の用件、内容、重要度・緊急度を考慮してのタイミング・時期があるということです。

特に、個人的な話やメンタル面についての相談などは、これまで述べてきた場所やお互いの状況・タイミング等について、十分に考慮した上で環境を整える必要があります。

第3章　部下・後輩が「知る・わかる」から「できる」になる11のスキル

―教えて、できる部下にするための「ティーチング」

第3章では、ティーチングの基本、第1章【スキル6】相手がわかるように話すには「相手に伝わるスキル」と、本章の【スキル15】「教え方の基本ステップ活用スキル」を土台にして、相手自身がわかる、できるようになるための11のスキルを学びます。

【スキル15】 効果的な教え方「教え方の基本ステップ活用スキル」

ティーチングとは

教える（ティーチング）とは、「教える人（上司、リーダー）が、知らない人（新人、メンバー）に対して、教える人が知っていること（指導内容）を伝え、相手が行動できるところまで理解させること」です。

ここで重要なのは、教える中身を話して伝え、説明すればよいのではなく、教えられた相手が知って・理解した上で、最後にはできるようになるまでが目的なのだということです。

さらに言うと、教えた相手が自分自身でやったことを振り返り、次にどうしたらさらによくなるかを自ら考えて、次に試みるようになれば申し分ありません。

つまり、自ら主体的に学ぶ人になるような教え方が理想の姿なのです。

教える、教わるもコミュニケーションです。第1章【スキル2】「3つの視点のスキル」、特に【相手中心】と、第1章【スキル6】でお伝えした「コミュニケーションは50：50（100：0はない）」の2つの点を意識した、教え方の基本ステップについて考えていきます。

教える基本6つのステップ

① やる気にさせる（導入）

【図表7　効果的な教え方（ティーチング）の基本6ステップ】

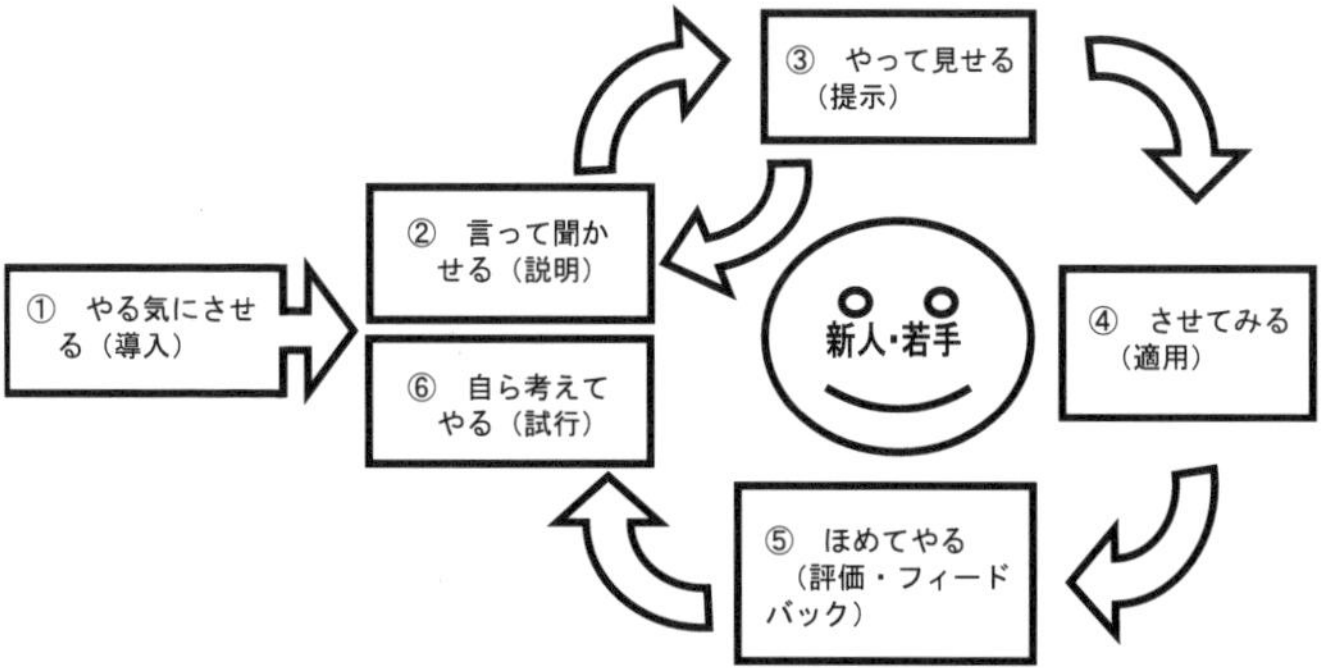

まず、教えることの意味・価値・目的を伝えます。

例えば、その仕事の背景・位置づけを伝えます。また、目的・使命（何のためにやるのか、目指しているのは何か、誰に・何に貢献するのか）を明確にして伝えることです。

これから教わることを習得することで、自らが最終的にどのようなことができるようになり、どんな貢献ができるのかまでを最初の段階で伝えることが必要です。

その上で、相手に対する期待を伝え、奨励することでやる気にさせるのです。

ただ、やり方を説明される（こうやるのだ、これをやってくれ）だけでは、人はなかなか動きません。ワケ（意味や意義）がわかってこそ、人は自発的に動こうという気になれるのです。

②　言って聞かせる（説明）

教える内容の全体像・時系列の流れをまず説明します。次に、各部分に入り、必要な知識や具体的なやり方を伝えます。

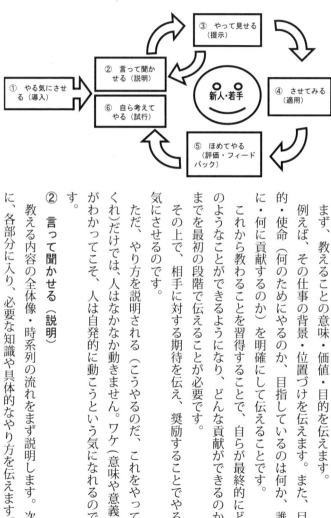

相手のレベル（知識・理解度・経験等）を把握した上で、説明することが必要です。相手が理解して初めて、説明したということになるのです。

説明は、「WHY・WHAT・HOW」の順で行います。

●WHY　：なぜやるのか／目的・意義・理由、全体における関連性等
●WHAT：何をするのか／やるべき内容・項目等
●HOW　：どうやるのか／方法、手段、ノウハウ、手法等

③　やって見せる（提示）

教える内容によっては、見せること、モデル（見本・手本）・実例の提示などが先に必要な場合もあります。

実例を提示・実演すること以外では、現場見学で実際の作業を見せたり、営業に同行させたりすること等です。

その際には、事前に観察するポイントを示して、実際に行った後に、疑問点を質問させたりして確認することが効果的です（【スキル23】「観察させるスキル」参照）。

④　させてみる（適用）

させてみることのゴール（目標）や期限（時間）、達成レベルを再度確認します。本人に考えさせてから始めさせ、途中で止めず、最後までやらせます。

教える人がついて見ている場合には、よく観察することが大事です。本人に任せる場合には、実施後に途中の取組みのプロセスについて詳細な報告をさせましょう。

⑤　ほめてやる（評価・フィードバック）

結果の評価をする際には、まずは本人の自己評価をさせ、発表させること。次に、教える側からの全体評価を簡潔に伝え、その際にその評価の基準やポイントも伝えます。さらに、よい点をほめます。改善点は、その後に伝えます（【スキル24】評価・フィードバックのスキル」参照）。

⑥　自ら考えてやる（試行）

次段階の目標設定と具体策（行動計画）を、まず本人に考えさせます。その上で、その行動計画についてアドバイスして、本人が理解納得した大事なポイントや改善する点を、自ら意識して取り組むように促します。

以上の基本6ステップを一文で簡潔に示したのが、有名なあの言葉です。

「やってみせ、言って聞かせて、させてみて、ほめてやらねば、人は動かじ」（山本五十六）

【スキル16】　仕事レベルを把握し、それに合わせた「自己のスタンスをとるスキル」

相手のレベルとタイプ

第1章の【スキル2】「3つの視点のスキル」の中の2つ目の「相手中心」は、相手の思いや視点から考えることだと言いました。この「相手中心」について、効果的に相手に教えるためには、相手がどう思っているか以外で、相手について把握しておかなければならないことが他に2つあります。

その1つが、教える事柄についての相手のレベルです。

具体的には、何を知っているのか、教える内容を理解するための前提となる基本的な知識や経験はあるのか等です。相手のレベルを把握しておくと、何をどれくらい教えたらいいのかが明確になります。

もう1つが、相手のタイプです。

タイプとは、一般的には性格という言葉でも表されますが、その人の特徴・特性、習慣的な行動傾向等です。人の特徴・特性は、まさに1人ひとり違い、様々です。誰が相手でも同じように教えるでは、うまくいかないことも多いのです。

指導する相手のレベルとタイプを把握した後、それをどう実際場面で活用するかというと、今度は指導する側（つまりリーダーであるあなた）がどのようなスタンスで指導するかの選択に使うのです。

その場その場での対応、思いつきで指導するのではなく、相手のタイプに合わせて最も効果的だと考えられるやり方で教えるのです。タイプごとに最適な指導の方向性を考えましょう。

人は、百人百様であり、全く同じ人はいません。相手中心とはいえ、メンバー1人でもすべてを深く理解することは簡単ではありません。その人自身にならない限り、完璧な理解はできません。

相手のレベルとタイプを理解、把握して、指導する自分のスタンスを決めるということは、効果的な指導をするために必要な「大切なガイドライン」なのです。

まず、明確な意図・目的（新人が一人前になる、いい仕事ができる人になる等）を持ち、教える自己のやり方を振り返りながら指導していくことで、相手自身の理解も深まり、相手の習得度がより見えるようになり、さらに教える自分自身の指導能力もブラッシュアップされていく好循環が生まれてくるのです。

相手（メンバー）を4つのレベルに分けて把握する

まず、「レベル」について考えていきます。

レベルについては、「知識・スキル」と「意欲」の2つの軸で4つに分けて考えてみましょう。

「知識・スキル」とは、特定の仕事の課題に関して部下が持っている知識・スキルのことです。

新人だけではなく、ある部署への異動者や中途入社の社員など、担当する仕事について初心者から数年以上の経験者、ベテランまで、それぞれにその職務の知識・スキルのレベルがあります。これは単なる年数ではなく、どれくらいその職務のエキスパートなのかという質の高さです。

【図表8　部下の担当業務ごとのレベル分けシート　部下：Aさん、担当業務　CとDとE】

氏名	Aさん	担当業務		
レベル分け	レベルの特徴	C	D	E
ビギナー（中途採用,異動,新任者）	＊仕事に対する関心や意気込みはあるが知識・スキルが不足 ＊意欲満々なビギナーだが不安もあり 【ニーズ】明確な目標や役割設定・基準・情報／訓練の機会			
ミドル（中間レベル）	＊仕事にある程度の知識・スキルは身につけているが、不満や落胆を感じたりして意欲が低下　＊(自己に)期待はずれ 【ニーズ】明確な目標／励まし／進歩への賞賛／目的意味の理解			
ベテラン（業務ほとんどOK）	＊仕事に対してはかなりの知識・スキルを身につけているが、十分な自信には今一つ、またはマンネリ 【ニーズ】相談しやすい助言者／アイデアを試す機会／支援奨励			
No2（任せて安心）	＊仕事をマスター、熱心で意気込みもあり、自信に満ちている ＊自立した達成者　＊責任意識も十分 【ニーズ】チャレンジ機会／貢献の評価／自主性と権限／信頼			

「意欲」は、特定の仕事・業務に対する部下のヤル気と自信の程度を示します。ヤル気は、仕事に対する部下の関心や意気込みで、態度・行動から推察できます。自信は、周囲から助けを借りずに自分で仕事を完遂できると思う気持ちを指します。

このレベルというのは、それぞれの仕事の課題ごとに細かく考えます。この点が一番のキーポイントです。

彼は、もう3年もこの仕事を担当しているから大丈夫だろうではなく、この仕事の課題についてどのくらいの知識・スキルを持っているのかをしっかりと把握、精査・確認することが肝要です。

ここでは、メンバーをその仕事の担当業務や課題について「新人」「中堅」「ベテラン」「No2」の4つのレベルに分けて考えます。

まずは、みなさんの実際の部下・後輩を、担当してもらう仕事の課題について、図表8で4つのレベルに分けてみてください（課題ごとにその人のレベルを記入します）。

大事なのは、その人の総合評価を4段階にランクづけするのではなく、担当してもらう仕事や課題単位で、それぞれの能力について視ていくということです。

その上で、4つのレベルのそれぞれに対応した指導スタイルのコミュニケーションについて学び、どのようにしていくべきかを考えます。その前に、これまで自分は、普段どの指導スタイルをとっていたのか振り返ってみてください。

4つのレベルと対応する4つの指導スタイル

さて、担当業務の4つのレベルに合わせた指導育成の効果的な指導のスタイルを見ていきます。

ここでは、部下の指導育成コミュニケーションについて、「ティーチング（教示）」と「コーチング（支援）」の2つの軸で考えます。

「ティーチング（教示）」は、

・目標を設定し、役割・期待を明示して、明確な説明をする。
・いつ、何を、どのようにするかやり方を具体的に見せる。
・仕事ぶりを観察し、評価・フィードバックする。

というコミュニケーションです（この第3章の各スキルを活用します）。

【図表９　４つのレベルと対応する４つのスタイル】

レベル	ビギナー	ミドル	ベテラン	Ｎｏ２
知識・スキル	低い	中位	高い	かなり高い
意欲	高い・中位	低い・スランプ	不安定・マンネリ	高い・充実
指導スタイル	教示・説明型	誘導コーチ型	支援コーチ型	委任型

「コーチング（支援）」は、
・部下の話を傾聴し、支援し承認や奨励をする。
・部下自身にも考えさせ、その意見を反映させる。
・自主的な問題解決を支援、促進する。
というコミュニケーションです（コーチングに関しては、次の第4章でそのスキルを学んでいきます）。

この2つ軸の組合せから、指導スタイルは、「教示・説明型」・「誘導コーチ型」・「支援コーチ型」・「委任型」の4つになります。各レベルに4つの指導スタイルで各々対応します（図表9）。

「ビギナー」は、新人、初心者です。このレベルに対しては、「教示・説明型」〔ティーチングが多く、コーチングが少ない〕の指導スタイルが効果的です。

「教示・説明型」は、目標・期限・優先順位を明確にして、本人の果たすべき役割や必要な条件を伝えます。やり方を説明し、よい仕事の例を示し、進捗状況をよく見てフィードバックします。仕事の全体像を示し、理解を促進させます。

「ミドル」は、若手から中堅クラス。このレベルには、「誘導コーチ型」

〔ティーチングとコーチングの併用〕の指導スタイルが適しています。

「誘導コーチ型」は、部下の懸念や考え、提案に耳を傾け、進歩や向上が見られたら言葉にして伝えます。成功や失敗を一緒に振り返り、改善策を考えるように指導・アドバイスをします。参考になる具体例や情報を伝え、理由を明確に説明します。最終決定は上司が下し、上司の考えのほうへ導きます。

「ベテラン」は、業務習熟度は高いが意欲やや低下。このレベルに対しては、「支援コーチ型」〔ティーチングが少なく、コーチングが多い〕のスタイルでいくのが効果的です。

「支援コーチ型」は、目標設定や具体策など部下が率先して行動することを奨励します。自主的な問題解決行動や自己評価をするように促します。どのような助けが必要か尋ね、励まし、勇気づけ、賞賛を通して、スキル・意欲を高めます。部下自身の強みを活かすように自己開発を促進します。

「Ｎｏ２」レベルに対しては、「委任型」〔ティーチングとコーチングの両方が少ない〕のスタイルです。

「委任型」は、可能な限り部下に権限を委任し、プロセスは上司に進捗報告をさせる程度に留めます。部下の判断を信頼し、部下の貢献を認めて、評価し、報います。新しいことにチャレンジさせ、必要な場合に助言や情報やその他資源を提供します。

この「ビギナー」「ミドル」「ベテラン」「Ｎｏ２」という4つのレベル分けは、かなり大雑把な区分です。

実際の職場には、新人の次は若手、中堅、そしてリーダーとかマネージャー、役職なしのベテラン、専門職等と様々です。ここでいう4つのレベルは、先に述べた2つの基準①「知識・スキル」、②「意欲」でメンバーの担当業務ごとに見ていって割り出した「ガイドライン」です。

ここまでの説明を読んでいても、すぐ使えるかといえば簡単ではないかもしれません。実際に活用するためには、部下を持っている上司の方は、職場のメンバーの各担当業務、課題について4つのレベルに当てはめた上で活用してみてください（図表8・9参照）。

その上で、そのメンバーに対応する指導育成スタイルをとってみることを想定し、相手はどんな反応を示すだろうかと考え、成果・成長につながるかを推定してください。その次に、実際に職場でそのスタイルを実践してみましょう。これまでとは異なる、それぞれの反応や変化がみられると思います。

【スキル17】　タイプに合わせた対応をする「自己と相手のタイプを理解するスキル」

タイプという考え方

性格とか特性（特徴）は、先のレベルと同様に十人十色、百人百様で本当に人それぞれです。しかし、多くの人をよく観察していくと、比較的その性格や特性が似ていると思われる人がいます。

この似たような性格、行動特徴を持った人を1つの群として分けて把握することを「タイプ（類型）」といいます。

このタイプという考え方は、優劣とか良し悪しと言うような価値判断ではなく、あくまでも似た特徴の人同士のまとまりで分けただけです。私たちは、どうも自分がいつもとっている物の見方や考え方、行動原理を人にも求めたり、人を判断するときのモノサシとしがちです。それが当たり前として考え、行動している自分も、他の人から見れば、あるタイプにすぎないのです。しかし、それはなかなか自分では見えないのです。

「相手中心」というコミュニケーションの基本の3つの視点の2つ目を実践するためには、人を客観的に見て、理解する「タイプ」という考え方は役に立ちます。

指導育成やコーチングでよく使われるのが2つの基準軸で分ける4つのタイプです。ここでは、比較的わかりやすい、『知覚－判断』軸と『思考－感情』軸の2軸で分けたタイプ分類で説明します。

「知覚―判断」軸

人は、外部の環境から情報を知覚（見る、聞く、読む、等）し、認識した上で判断し、行動します。つまり、「知覚（認識）」することと「判断」することは、誰もが持つ機能です。この軸は、その「知覚」機能と「判断」機能のどちらが優先されるかどうかで分けて捉えます。

知覚優先の人は、口ぐせが「もっと教えて」「何でそう考えたの？」「まだ様子を見よう」です。物事や情報の知覚、認識が優先されるので、情報や理解を十分にしてから判断しようとします。情報が極端に少ないと判断を保留します。行動特徴は、傾聴する、よく読む、調べるです。

判断重視の人は、口ぐせが「これで行こう」「それで、何をする」「いつからやるの」です。少ない情報でも、何かを聞いたり、見たりしたら、その度に判断します。判断が早いので、行動が比較的早いほうです。ただし、大事な情報が欠けていた場合には、誤った判断となることもあります。行動特徴は、口に出す、意見をする、主張する、働きかけるです。

「思考―感情」軸

これは、認識や判断をする際に、感情と思考（論理性）のどちらを重視するかで分けて捉えます。

感情重視の人は、口ぐせが「わかるよ」「そうだね」「わかってくれよ」「そうでしょう」です。相手や自分の気持ち・感情を重視します。相手への期待や思いの理解納得の度合いで動きます。行動特徴は、相手の気持ちに意識が向くので、話して、聞いて、相手の様子を伺って確認したりします。

思考重視の人は、口ぐせが「なぜなら」「その結果、当然こうなる」「なぜそうするの」です。筋道立てた論理的な考え方を重視します。理屈や根拠、基準などで判断する方です。行動特徴は、相

【図表10　２つの軸と４つのタイプ】

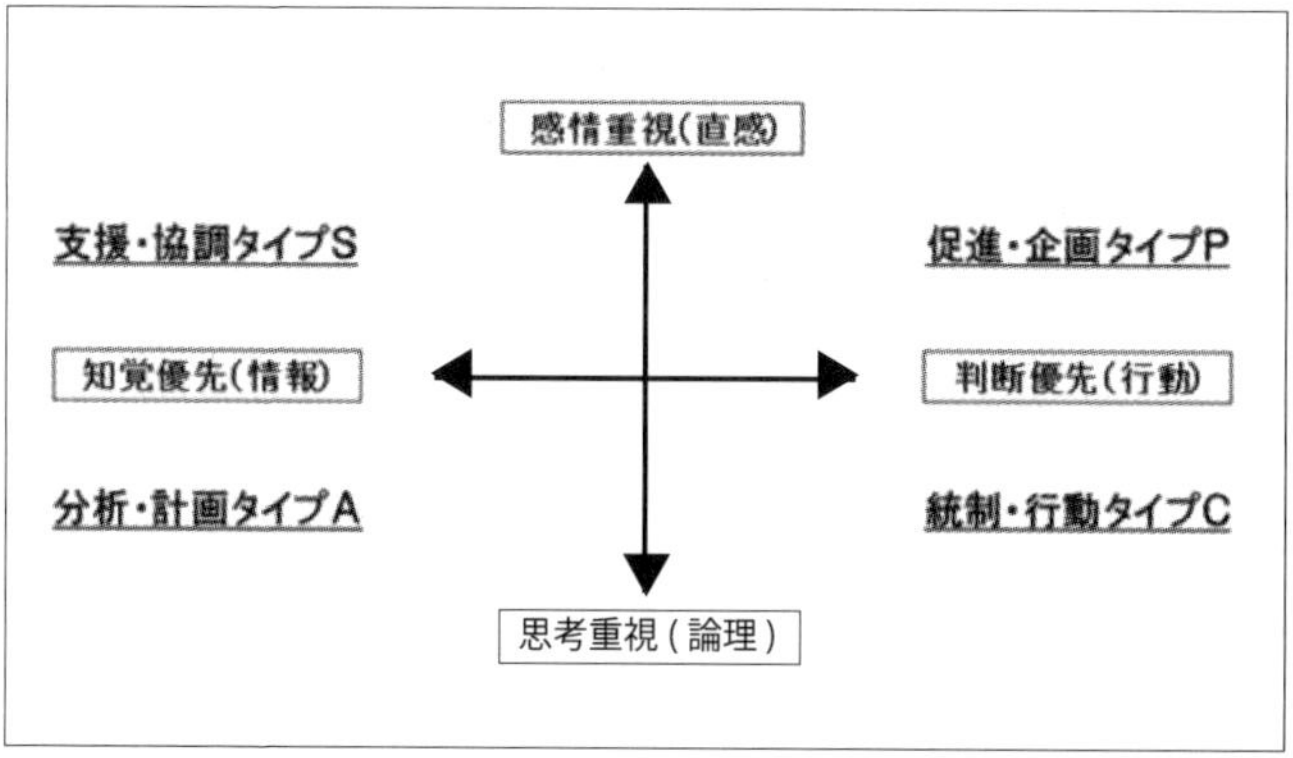

手の話したことや文書、データで確認します。自分の考え方にこだわって話します。

４つのタイプ

以上の「知覚－判断」軸と「思考－感情」軸の２つで分けると、次の４つのタイプとなります。

① 支援・協調タイプ：S（サポート）

他人を援助するのを好む。周囲の人の気持ちに敏感、気配り上手。自己承認や評価を求めます。周囲の期待に応えようとします。仕事では、周囲との協調性を重んじて行動します。

② 促進・企画タイプ：P（プロモート）

自分のアイデアや提案に自信を持っていて、他人を巻き込んで仕事をすることを好みます。自分からよく話すほうで、人の話をあまり聞かないことも多い。仕事では、自分の意見や成果について承認されることを重視します。

③　分析・計画タイプ：Ａ（アナライズ）

行動する前に多くの情報を集めて、分析し計画を立てるほうです。物事を客観的にとらえ、小さな達成を積み上げていきます。大きな変化より着実さを好む。仕事では、詳細なことに気づくことが多く、評論家的にいろいろと意見を出すことが多い。

④　統制・行動タイプ：Ｃ（コントロール）

行動的で、自分の思ったとおりに物事を進めることを好み、他人から指示されることを好みません。話の仕方は、単刀直入の場合が多い。仕事では、行動が早く、結果を重視します。

人は、多様な面があるので、各タイプの典型的な特徴だけで決めつけることはできません。折衷的、中間的なタイプもあります。

したがって、指導育成に当たっては、まず自分自身のタイプ（どのタイプに入るか、どのタイプの特徴が強いか）について自己認識を深めてみましょう。その特徴を強みとして活かしやすくなる一方で、行き過ぎると効果的ではなくなることもあります。

次に、自分のメンバーがどのタイプであるかを認識・把握して、その持ち味を理解し、承認して、強みとして活かすとともに、それが過ぎた場合には弱点となりかねない点を気づかせる（自己認識させる）ことも必要です。

また、そのメンバーのタイプに合った話し方や働きかけをすることが大切です。そして、タイプの特徴が弱点をなりかねない場合には、支援し、補完する働きかけをすることです。

効果的なタイプの組合せ、理解の仕方

タイプの組合せとしては、お互いの協働関係や信頼関係ができていると、違うタイプ同士が業務遂行や課題解決の上では、効果的になります。

しかし、その基本的な関係や相互理解が不十分な場合には、うまくいかないこともよくあります。例えば、統制行動タイプC（コントロール）は、判断が早く、すぐに次の行動を決めて行きます。しかも、状況が変わると、それに合わせて次々と対応を変えることが多くあります。

そのタイプCの上司の下にいる分析・計画タイプA（アナライズ）としては、情報を収集して、綿密に分析し、計画を立てて進めているので、その臨機応変過ぎる対処に困ってしまいます。時には、「課長、それでは朝礼暮改、思いつきで変えないでください」と言ってしまいます。

一方、Cタイプの上司としては、変化にすぐ対応していかないAタイプの部下に対して、「もっと融通を利かせないと困るよ」と、イライラしてしまいます。

同じ知覚優先（情報認識重視）タイプの分析・計画タイプAと支援・協調タイプS同士でも、判断の仕方が思考である（論理的な道筋で考える）タイプAが、「目標達成に向けては、当然この段階ではこうすべきでしょう」と発言するのに対して、感情（直感重視の思考）のSタイプは、「大

多数の理解・納得も得ていないのでは、理屈だけでは進みませんよ」と言って、ぶつかってしまうことがあるのです。

どちらも第三者から客観的に見ると、おかしな主張をしているわけではないのですが、タイプが違うと思考回路も、価値基準も、優先順位や使う用語まで違うので、お互いの意見を理解する（相手の視点での理解）よりも自身の正当性（自分視点の理解）を優先してしまい、どうしてもぶつかりやすくなるのです。

お互いのタイプが違うことを理解し、それぞれの行動特徴であることを十分に認識することが相互理解のためには必要なのです。タイプの違う者同士のコミュニケーションにこそ、「傾聴」「確認」のスキルを大いに活用することが求められます。

さて、前項【スキル16】と本項【スキル17】を踏まえ、相手のレベルとタイプに合わせながら、「ティーチング」を実践するための具体的なスキルを次項から述べてまいります。

【スキル18】　最初に結論・全体を、次に具体詳細を「わかりやすく伝えるスキル」

わかりやすい話し方のコツ

本書を読んでいるみなさん、あなたは「人にわかりやすく話をすること」について、１００点満点として自己採点では何点ですか。自信満々ですか。

もし、あなたの回答が50点以下、自信なしでしたら、何がわかり、何ができるようになればもっと点数が増え、自信が持てるのでしょうか。その回答の1つになるのが本項のスキルです。

結論から申し上げます。わかりやすい話し方（伝え方）のコツは、「本の構成で伝える」ことです。

もう少し具体的に言うなら、「タイトル、目次、そして本文の順で伝える」ということになります。

何のことはない、本書も含めて、ほぼすべての書籍の構成は、「タイトル（書名）→目次→本文」の順になっています。この順番がまさにわかりやすい話（伝え方）のコツなのです。

もし、これがすべて逆だったらどうでしょうか。

突然、本文から始まります。タイトル（書名）はどこにも見当たりません。その最初の文章と段落をいくつか読み終えて、1つの話題が終わったら、やっとそこに書いてあった内容の項目名が出てきました。いくつかの項目を読み終わったら、やっと第1章とそのタイトル名が出てきました。この順で第7章が終わったところで、最後に書名のタイトルが出てきました（外側のカバーには著者名と出版社名と定価しかないのです）。

おそらく、そのような本は、最後まで読まないでしょう。そもそも買わないのではありませんか。この順番が逆な本は、極端な例ですが、これに近い話をしている人はいませんか。それでは、50点以下でも、自信なしでもしょうがありませんね。

でも、大丈夫です。今読んでいる項目のスキルを身につける、これだけで70～80点（うまく、いけば90点）、自信が持てるようになること間違いなしです。

そうなるためにはどうしなくてはいけないのか、具体的な実践ポイントを5つ述べていきます。

その5つとは、次のとおりです。
① 主題（伝えたいテーマ）と全体像を示す。
② 構成や項目について話す。
③ 各項目について具体的に述べる（5W1H、たとえ話、具体事例）。
④ 明確に、自信を持ってゆっくりと話す。
⑤ 相手の反応を察知する（相手の理解に合わせて話す）。
前述した「タイトル↓目次↓本文」は、前記の①、②、③の各項目に対応します。書き言葉である本（文書）では、これだけでいいのですが、話し言葉での対面、口頭のコミュニケーションでは、その場での④、⑤の話し方（伝えるプロセス）のポイントがプラスされます。

5つのポイントの具体的な内容

それでは、次に5つのポイントの具体的な内容を述べていきましょう。

① 主題（伝えたいテーマ）と全体像を示す

説明や報告では、タイトル（テーマ）や案件（○○の件について）を最初に伝えるのが当たり前。

次に、説明や報告をする内容の全体像を伝えます。概略や要約です。

また、資料を使う場合には、全体構成（章立て、項目）を一目でわかるように記述します。研修であれば、カリキュラム（プログラム）やタイムスケジュールに当たります。

② 構成や項目について話す

説明は、基本的には3部構成です。例えば、課題解決提案の報告であれば、まず「課題についての現状分析」、次に「課題の目的と目標」、最後に「解決の具体策」について話すという感じです。

短い話であれば、テーマ（伝える要件）を伝えて、次に「このテーマについて3つのポイントを話します。まず、1つ目は●●、2つ目は○○、3つ目は□□についてです。それでは、まず1つ目の●●について話していきます。…」というようにします。

③ 各項目について具体的に述べる（5W1H、たとえ話、具体事例）

既に伝えた全体構成の中で、各項目について具体的に話を進めていきます。

ここでも基本は、「テーマ（結論、用件）→話す項目数とその項目名→各項目詳細」の順番です。

具体詳細内容の伝え方のポイントは、

・5W1Hを活用して、必要事項をもれなく伝える
・たとえ話や比喩等、イメージやストーリーで語る
・その内容に関しての具体事例（実際に合った事例、実績等）で伝える

ことです。

使う言葉としては、抽象的な言葉や曖昧な言葉（いろいろな意味にとらえられる言葉、範囲が広い言葉）ではなく。具体的、特定的な言葉を使うことです。特に、実務やスキル、作業を教える場合には、この点は非常に大事なことです。

例えば、「できたら早めに」ではなく、「必ず毎週末の12時までに」等です。

④　明確に、自信を持ってゆっくりと話す

明確に自信を持って話すことで、相手は安心して話を聞くことができます。しっかりと受け止めることができ、記憶に残りやすいのです。相手がまだ知らないことを聞いている場合には、伝える側は、自分でちょうどよいと思うよりは、意識的にゆっくりと話すほうが伝わります。

⑤　相手の反応を察知する（相手の理解に合わせて話す）

相手の理解度を見て、それに合わせて話し方を変える、工夫することも必要です。話の1段落ごとに、これまでもお伝えしてきた「質問をする」ことで、相手の理解を確認することも効果的です。「確認の質問をする、してもらう」については、【スキル22】「確認をするスキル」をご覧ください。

【スキル19】　自分の言いたいことから始めるのではなく、「質問をして伝えるスキル」

教示・指導するティーチングでは、自分の話すことを相手にしっかりと聞いてもらえなければ話になりません。そのための実践のスキルその1は、「質問して伝えること」です。

第2章の【スキル11】人は自分の話をよく聞いてくれる人の話は受け入れる「傾聴の実践スキル」は、相手が何か言いたい、伝えたいことを持っている場合に役立ちます。まず、聞くことで、その次には、こちらの話を聞いてくれます。

しかし、教える場面では、こちらが伝えたいことについて、相手がよく考えていて、自分の意見を持っているとは限りません。だからと言って、こちらから言いたいことをただ話すだけで、よく聞いてくれるとはこれまた限りません。

聞いてもらうためには、こちらが話したいことについて相手に関心を持ってもらい、考えてもらうことが必要なのです。そのために役立つのが「質問すること」です。

何が大切かを考えてもらう

教える場合には、すぐ中身、しかも具体的な部分に入るのではなく、導入で目的や意味、また全体像を伝えることが必要だということは、前項【スキル18】最初に結論と全体を、次に具体詳細を「わかりやすく伝えるスキル」でお伝えしました。

まずは、「それでは、最初にこの仕事の目的をお話しします」とか、「一番大事な点を先にお伝えします」と切り出すことになります。教える側から伝える正攻法のやり方です。

他に、こちらからすべて話さず、伝えたいことを質問して、相手に出してもらうというもう1つの方法があります。

例えば、話をする前に、「これから○○のことをやってもらうのだけれど、何が大事だと思う?」と質問するのです。少し間をおいて、相手の答えが的確であれば、それを認めてさらに補足するのです。「今言ったことも大事だけれど、実はもう1つ大切なことがある。それは□□□だ」と言って、さらに「なぜ大事だと思う?」と質問するのです。

大事な点(目的とか大事なポイント)や、やってもらいたいことを伝えて、その意味や理由を考えてもらう質問をすることで、答えられなくても、何だろうと考えることでその答えを聞こうとするようになります。

「実はまだ言ってなかったんだけれど、他にもいくつか重要なポイントがあるんだ。何だと思う?」と質問し、少し間をおいて、またこちらから留意する点を伝えるのです。

行動を問う質問をする

質問をするもう1つの方法は、具体的な行動を問う質問をすることです。

営業の使命と役割について新人の営業担当者に伝えるとき、「さあみなさんにこれから担当していただく営業という仕事について、いくつか質問をして考えてもらいます」と言った後、何を質問するかを考えます。その標題のまま「営業の使命と役割は何だと思いますか」と聞くのでは、「自社の商品を売ることです」「会社の売上を伸ばすことが一番の使命です」等、ありきたりの答えしか返ってきません。

さて、どうしたらもっと考えてもらえるでしょうか。

例えば、「営業担当者は誰に会う時間を一番割くべきでしょうか」と聞いてみます。すると、「お客様」と答が返ってきたとします。

それに対して、次のようなもっと具体的な質問（行動を聞く質問）をするのです。

①「プロの営業担当者は、どんな会社（お客様）へ訪問（アプローチ）するのでしょうか」

②「プロの営業担当者は、訪問した先で何を見て、どんなことを聞いてくるのでしょうか」

③「プロの営業担当者は、その会社についてどんな情報を集めるのでしょうか」

答は、様々でしょう。

①に対しては、「売れそうなお客様」、「成長している会社」「儲かっている会社」等。

②に対しては、「受付担当者の応対の仕方」「面談相手の表情、反応」「事務所内の雰囲気」「会社の建物（自社ビル、テナント）」「お客様のニーズ・要望」「担当者が困っていること」「担当者の仕事の担当範囲」等。

③に対しては、「会社の基本情報（売上・利益高、事業内容、社員数、沿革、等）」「関係会社、取引先」

「今後の事業計画や重点施策・商品」「経営者の経歴、わが社との人脈」等。

もちろん、相手が新人の場合、「わかりません」と言う答が返ってくるかもしれません。その際には、「どんなことでも、少しでもそうかなと思うことは？」などと言って、回答を促します。

いくつかの答えが出てきたら、最初のテーマ「営業担当者の使命と役割」に戻って相手の答と結びつけて伝えるのです。

具体的には、「みなさんの答えにあったとおりに、営業担当者は、自社の提供する商品・サービスでそのニーズを満たし、課題解決を図れるお客様を見つけて、その会社に商品・サービスを供給・提供して、自社の事業、つまり売上を伸ばすことです」等のように伝えていきます。

さらに、「では、営業担当者が実際にすべき役割の内容について考えましょう」と言って、先ほどの回答に関連づけた、さらに具体的な質問をしながら、話を続けていきます。

実際の場面では、必ずしも相手がすべてについて的確に答えなくても、また、たくさん答えようと、答えまいと構いません。

また、質問は、短くすること、必ず少し間を多くことが実践する際のポイントです。

なお、答が返って来るまで待たなくてもよいのです。少し考え始めたところで、伝えて構いません。

なぜなら、相手の考えを聞くことが一番の目的ではないからです。自分が伝えたいことについて、まず質問することで、相手の意識を向けて、考えてもらうことが目的なのですから。

説明したり、提示したりした後に、実際に実行（実習）してもらうためには、教えた後に「それでは、いつから取りかかれる？」「実際にやっていく上で何か難しそうな点はある？」と質問をして、さらに具体的なイメージを持ってもらい、問題点を解消して行動へ結びつけます。

さあ、質問をして関心を持たせるというやり方についてご理解いただけましたら、早速トライしてみてください。

【スキル20】関心のないことは見えない、聞けない、わからない「関心を持たせるスキル」

自分の話を相手に聞いてもらうための実践スキルその2は、「相手が関心を持つ一言から始める」ことです。

前項【スキル18】「質問をして伝えるスキル」の場合と同様に、こちらから相手に伝えたいことに耳を傾けてもらうための具体策です。相手に関心を持ってもらうために「質問する」のではなく、「相手が関心を持つ一言から始める」のです。

例えば、話を切り出すときに、「今、少し時間いいかな」等と声をかけて、次に「あなたにとって非常に大事なことなんだけれど…」「これからの君の仕事を前進させるためにとっても重要な話なんだ…」というように伝えるのです。

これから話すことへ意識を向けてもらう前振りです。

実際に、さらに相手が関心を持つ一言は、相手が今（自分の仕事を進める上で）、一番意識していること（最近失敗したこと、困っていること、逆にうまくいったこと、今後取り組みたいと思っていること）の具体的内容と結びつけた一言を話すことです。

「この前、○○の件、失敗だったかもしれないけれど、あれは今後に活かせると思うんだ。そのことについての話を少ししたいと思うんだ…」「この前君が言っていた□□について、もっと進めるための話なんだけれど…」「昨日言っていた◇◇について、私の思ったことを伝えていいかな…」など、「相手が関心を持つ一言から始める、言い換えると「相手が関心を持っている（意識している）ことを掴み、それをネタにして話を切り出す」ことです。

さあ、誰にどんな言葉が浮かんできますか。

早速、1つトライしてみてください。うまくヒットしたらOK！　もし、いま1つだったら、必ず振り返ってみてください。

このヒット率がかなり高くなっているのであれば、自動的に相手（部下、メンバー）といい関係になっていること間違いなしです。

相手が関心を持っていることを掴むためには、日頃から相手についての情報を掴み、相手をよく理解していないといけません。そのためには、第2章【スキル9】相手のことをよく知る、理解する「理解と判断を区別するスキル」、他には後述しますが、第4章【スキル27】観る、観察する、感知する「観察するスキル」、【スキル28】ニュートラル、自己管理、関心「傾聴・好奇心のスキル」を活用することです。

【スキル21】　メリットを感じると人は聞く気になる「メリットを感じさせるスキル」

相手が教わって学ぶ気持ちにさせるためには、教える内容の意味や意義を伝えることで、相手自身にとってのメリットを感じてもらうことが必要です。

また、ＯＪＴや相談場面でのアドバイスやフィードバックをする際にも、その助言や意見を受け入れることでメリットを感じてもらい、実際の行動に移してもらうことができます。

では、相手にとってのメリットには、どんなことがあるでしょうか。

まず、あなた自身が、仕事をする上でメリットと感じることは何があるか考えてみましょう。

①　自分の仕事が簡単に、楽に進めることができること。
②　自分の仕事に役立つこと。
③　自分が評価されること。
④　人から褒められたり、認められたりすること。
⑤　人から感謝されること。
⑥　自分が満足感を得られること（好きなこと）。

⑦　達成感や充実感が得られること。

これらの中の何に大きなメリットと感じるかは、相手によって（レベルとタイプによっても）異なります。これを決めるのは、あなたではなく、相手本人です。

さて、これらのメリットを感じてもらうためには、これまで述べてきた【スキル5】「まず聞くことから始めるスキル」、【スキル19】「質問して伝えるスキル」と【スキル20】「関心を持たせるスキル」を活用することができます。

そもそも、先に述べたように相手が何をメリットと感じているのかを掴むためには、やはり、よく相手の話を聞くことが大切です。相手の言っていることに耳を傾けて、【スキル12】「言動承認のスキル」を使い、相手が率直に話すようにして、相手がメリットと感じることを掴み、確認します。

その上で、教える事柄やアドバイスする内容が、そのメリットと結びつくことを伝えるようにするのです。

また、相手が既にメリットと思っていること以外に、新たなメリットに気づかせるという術もあります。

そう感じてもらうために、質問をします。

例えば、「○○をする（習得する、実行する）ことは、君にとってかなりメリットがあるんだが、どうしてだかわかる？」と質問して、相手の答えを聞きながら、それに結びつけて、メリットを理解できるように伝えます（【スキル19】「質問して伝えるスキル」）。

相手が関心を持っていること、気になっている問題に関する話題やその解決が進むこと自体が、相手本人のメリットになります。

その意味で、相手の関心事を掴んでおくこと、何か解決したいと思っている問題があるかを理解しておくことは、メリットを感じさせる上でも大いに役立ちます。

【スキル22】　確認の質問をする／確認の習慣をつけてもらう「確認をするスキル」

確認の具体的行動

私の担当する管理者研修では、部下との面談ロールプレイング実習をすることがあります。

部下役は、メンバー同士でやる場合とスタッフがするとき（結構抵抗したりする設定の場合）があります。特に、「マネジメント力評価（アセスメント）研修」では、スタッフが部下役を務めます。

以前は、あまり部下の話を聞かず、一方的に話をする受講者（管理者）が多かったのですが、最近の受講者は、労いや感謝の言葉をかけたり、褒めたりする人が、かなり増えて来ています。

話し方もソフトな語り口の人が多くなりました。しかし、それでもなかなかよい結末とならず、よい評価ももらえません。何が足りないのでしょうか。

それは、伝えたことを理解し、やると決めたかどうかを確認していないことです。

実は、話言葉では、優しげであったからといって、必ずしも相手(部下)が十分に理解したり、納得するとは限りません。伝えたことの「確認」が不可欠なのです。それをしない限り、ソフトな対話に見えても、実質的には一方通行のままなのです。

では、「確認」の具体的行動は、どんなことをするのが効果的でしょうか。相手(部下)に、「わかりました」と言ってもらうのは最低限必要でしょう。しかし、中には、早く話を終わってもらいたいための「わかりました」もあります。よく理解していない(自分なりの勝手な解釈をしている)、または納得していないが、言ってもしようがないと思っている「わかりました」もあります。相手に、「何か確認したいことはない?」「質問はないかい?」と聞くこともいいでしょう。相手に、細かな指示をする前に、「いつまでにできそう?」「問題なくやれそう?」と質問するという方法もあります。

逆に、「もし、これでうまくいかないとすれば、次にはどんなことが考えられる?」「難しい点があるとすれば、どんなところ?」と事前に問題点や支障となる点を先に質問するという手もあります。そもそも相手に要望や課題を伝える、また指示を伝えるときに、こちらから自分の考えを話すのではなく、質問を使う方法はとても効果的です。

つまり、「○○をやってほしいのだけれど、□□さんなら、どのようにするかな?」とか、「それじゃ今伝えたことをどのようにするか、教えてくれる?」と質問して、相手自身に実行する内容を言ってもらうことです。

また、相談されてアドバイスをした場合には、「それで○○さんは、今言ったなかで、どれから始める？　それとも他のことをする？」といった具合です。

ここまで管理者（上司）が部下に話をする場合を考えてきましたが、あなたが部下で上司に話をする場合も同じです。

上司にやってもらいたいことを要望しても、ただ「わかった、わかった」と言ってもらうだけでは、おそらく実行までは至らないことが多いでしょう。「わかった。○○をするということだな」とまで言ってもらえて初めて確認したといえます。

仕事のコミュニケーションでの確認の実践ポイント

その他、仕事のコミュニケーションでの確認の実践ポイントとしては、次の事柄が挙げられます。

①　繰り返す（リピート）こと

相手の話を聞いているときに、相手の言葉を繰り返すと、相手は聞いてくれていると安心感を持ちます。また、聞いたことを言葉にして相手に返すことで理解や共感も深まります。

電話での復唱も、数字、お名前、ご社名、地名（駅名）などが正確に理解したかどうかの事実情報を確認する繰返しです。

② 要約する（要点をまとめる）

相手の言ったことの要点をいくつかに絞って言い換えることです。

相手の話が長く、あまりまとまっていない場合には、相手が話終えたところで、「今、おっしゃことは3つで、○○の件、□□の件、△△の件ということでよろしいですか」とこちらから要点の数と整理された内容を再確認します。さらに、「一番急ぎなのは△△の件ですね？」と念押しし、相手から「そのとおりだ。さすがだね！」と言われるくらいまでやってみるのです。

話が一段落したとき、また大体言い終わったと感じたときに要約して伝えるメリットは、共通認識ができ、要約で結論や合意に至ると、次のアクションを促す効果があります。また、その後、枝葉末葉で話が長くなることを避けて、話を前に進めることができるという効果もあります。

時には、自分の理解と相手の理解に相違点があることに早めに気づくこともあります。トラブルを未然に摘むメリットです。その場合には、「おっしゃりたい一番重要なことは何ですか」などと質問して、すり合わせ、相違点を埋めてしまえばよいのです。

③ キーワード化（言い換え、状況・意図・スタンス・イメージの確認）

相手が言いたいことを他のフレーズや言葉で言い換えてみます。例えば、「それは、善は急げ！っていうことで、よいと判断したら大至急にということですね！」、（相手）「そうそう」。

状況についての確認は、「事実」か「推測」か、意図については「意見」・「提案」なのか、「助言」・

「指示」なのか、ということを明確にすることです。以上のことを明確にするために、「言い換え」は役に立つツールです。

例えば、「今おっしゃった○○ということは、事実なのですね」「□□□を進めるのがいいということは、Dさんの提案と理解していいですか」「課長がおっしゃった△△△というのは私への指示でしょうか、それとも助言の1つと思っておいてよろしいのでしょうか」。

スタンスについては、結論として「賛成」か「反対」なのかを確認してしまいましょう。

イメージは、「キャッチコピー化」「フレーズ化」してみることです。

(例)「ミスター総務!」、「何でも相談課」になるってことでしょうか

④　相手に言ってもらう(質問して答えてもらう)

指示したことや説明したことについて相手がどう理解したか、考えたかを確認するためには、相手に言い換えてもらうことが効果的です。先に述べた②要約、③キーワード化を相手にやってもらうということです。その相手の発言の内容や言い方で、双方の理解がどの程度まで共有化できているのか確認できます。

最後に、以上の確認スキルをリーダーであるあなた自身が身につけるのはもちろんなのですが、メンバーにも「確認する」スキルと習慣を持たせるように指導していってください。職場の情報共有化のレベルが確実に上がります。

【スキル23】 まず見せる（見る、視る、観る）「観察させるスキル」

提示する

指導する（教える）ステップでの3番目は、「提示する」です。実際にやっていることを現場（または研修会場や職場内）で見せることでした。

これは、次に本人自身にやってもらうためのモデル提示ですが、同時に観察学習として学んでもらうという大切な場面でもあります。

「提示場面」でメンバーに質の高い観察学習をしてもらうために大事なスキルをお伝えします。

観察するという行動は、対象を注意深く見る、客観的に見る、変化に注意して見るということです。

指導する中では、リーダーが実務のやり方の見本（モデル）を見せる、仕事で使うパソコンでの作業、また実際の現場（工場のライン、工事現場の作業、店頭での販売、営業の訪問場面等）で働いている場面をよく観察してもらって、教える（本人は学ぶ）ことになります。

この観察学習の場面では、事前にそこでやっていること（仕事の業務、実務、作業等）の目的・目標（何のためにやっているのか、結果として何をつくる、どのような成果を出すのか）と実際の進め方やプロセス・手順を十分に説明しておくことが必要です。背景と実作業フローの両方の知識も持たせた上で見せなければ、観察が浅くなるわけです。

その上で何のためにに、何を見るのかということを具体的に伝えることが必要です。観察することの目的です。例えば、全体の流れを理解してもらうために製造ライン全体を見る、販売における最初の声かけから最後のクロージングまでの流れを掴む等です。

次には、具体的な部分に焦点を当てて注視してもらいましょう。例えば、販売では最初にどのような声かけをするか、相手によってかける言葉は違うのか、最初のアプローチのやり方は、等です。

提示ステップでの観察ポイント

新人やその仕事の未経験者に、仕事を覚えてもらう導入研修の「提示」ステップで観察してもらう際のポイントは次の5つです。

①　全体（空間的、時間点の両面）と部分の両方に注意して見る。
②　変化を見る（時間的な変化、人による変化等）。
③　行動の詳細を見る（言っている言葉、表情、視線、手の動作・作業等）。
④　気づいたことや気になったことをメモしてもらう（必要に応じて。場合によってはメモしない）。
⑤　使うモノ（部品、ツール、機械等）に関しては、色、形状、大きさ、音、機能、内容。

以上は、教わるメンバー側にとっての観察のポイントとなります。研修場面に限らず、職場で先輩の仕事（業務、実務）から学ぶ際にも大事なポイントといえます。

また、この5つのポイントは、一般的な項目です。みなさんの職場（部門、部署）の担当業務で個別に、業務の実践ポイント、観察ポイントを具体的に作成することが効果的でしょう。

特に、業務の説明による知識学習、提示ステップでの観察学習、次に適用する（実際にやってみる）ステップでの体験学習のすべての過程を通じて、気づいたこと、学んだことをメモすること、ノートに記録することが学びを速めるため、また深めるためにも重要です。

【スキル24】 認識・思考・行動の修正をサポート「評価・フィードバックのスキル」

振り返りをさせる

指導する（教える）ステップの5番目は、「振り返りをさせる（評価・フィードバック）」です。

ここでの評価とは、基準に基づいて、その基準に達していたかどうか、どれくらい離れているかを客観的に測定把握することです。仕事の評価基準は、目標達成という仕事の目標（成果指標）とその達成のための計画や遂行手段などのプロセス指標と2つあります。指導育成においては、その成果を出すための能力向上プロセスですが、その1つひとつについて具体的な評価が必要となります。

フィードバックは、人が行動変容を起こすために、自分自身についての有用情報を他者から得るコミュニケーションです。

単にできた、できていないことの指摘や良し悪しの評価・批判ではなく、相手の成長を助けるための鏡として機能することだとも言えます。相手自身が自らを見直すために、効果的な情報として、見えたこと・感じたことを鏡のようにそのまま伝えるのです。相手がしっかりと受け止める（鏡を見ようとする）ことも必要です。

評価とフィードバックのポイント

効果的な評価とフィードバックのポイントは、次の4点です。

① まず、全体の評価を伝えて、それからプラス面、次にマイナス面（課題・改善点）を伝える。
② 相手の行動の事実と結果について（何をどうした。結果がどれくらいできているか）明確に伝える。全部ではなく、具体的限定的に伝える。
③ タイミングよく伝える。基本的には、実施直後、またはある程度のまとまりの仕事（実習）をした後にすぐフィードバックする。
④ Iメッセージ（私が主語）で伝える（私からは○○と見えた、感じた）。

【スキル25】　質問ノートをつくってもらう「質問で学ばせるスキル」

質問する

教える（ティーチング）とは、「教える人（上司、リーダー）が、知らない人（新人、メンバー）

に対して、教える人が知っていること（指導内容）を伝え、相手が行動できるところまで理解させること」と述べました。

また、教えるステップの最後は、⑥自ら考えてやる（試行する）です。

ということで、教えた成果を出すため（できるようになる）には、教える相手（教わる側）が受け身ではなく、自ら積極的に教わり、身につけること、言い換えれば進んで学ぼうとすることが必要なのです。

仕事では、新人や初心者はもちろん、教わる内容は教える人（上司、リーダー）から与えられます。が、その段階であっても、自ら学ぶためにできるのが、積極的に質問することです。

新人にとって、質問をするということは、ただ受け身で教わる、習うだけではなく、何らかの疑問を持つという極めて能動的な行動なのです。

教わっている場で、すぐに質問ができればいいのですが、そのときは特に疑問に思わなくても、後からやってみるとわからない点が出てくることもよくあります。

また、わからない場合や事柄だけではなく、なぜそうするのかという理由や意味を知りたい質問、他の方法ではダメなのかと言う疑問等も出てきます。

その質問への回答が得られて、理由や意味がわかったり、自分の言った方法でもよいとわかれば、さらに関心もわきます。

質問する習慣をつける

前頁で述べた理由から、リーダーの指示（または助言）として、質問ノートをつくってもらいましょう。特に職場にきた新人やその仕事の初心者には効果的です。

初めて職場に配属された新人と上司または直属の先輩（会社によってはメンターとかエルダーと呼ばれる指導者）との交換ノート（毎日または毎週の提出）を活用している会社もあります。そういうケースでは、この交換ノートに必ず質問を毎日3つ以上記入するということを義務づけるだけで「質問をする（考える）」習慣ができます。

この新人に質問をさせる（考えさせる）ということで思い出すのは、私の最初の会社で同期の出世頭であったM氏です。

彼は、マネージャーのときに配属された新人に毎日質問を考えさせ、まずは自分でその答えを考えろ、そして、身近の先輩に質問するように命じていました。先輩に対しても、忙しくても必ず答えてやれと指示して、1日に必ず30個の質問をして帰るようにと課していました。

どんな質問でもいい、極端にいえば、「なぜ、うちの課の机の配置このようになっているのですか」「各課の人数はどのようにして決まっているのですか」等でも何でも…。

1日30個、1か月20日としても、1か月で600個の質問（疑問）が解消する素晴らしい新人教育プログラムだというのがM氏の言でしたが、確かに負担と考えなければ、3か月続ければ

1800個の疑問が解消します。これだけの質問を出して、すべて回答がわかったら、その新人は職場一の物知りになるかもしれません。

また、新人からのいろいろな質問、新鮮な質問、突っ込んだ質問で、先輩は、考えていなかったことをいろいろと考える（ハメになる）というメリットもあるのです。

私が提案する質問ノートは、ノートの見開き左側に質問を、少し間を空けて10個書く、その下には自分の想定する答えを書く（わからなければ空欄で構わない）、そしてその右の頁に、先輩や上司に聞いて得た回答を記入するというものです。

もちろん、仕事の手引やマニュアルがあれば自分で調べても構いません。いかがでしょうか。1週間に1回程度は、上司か直属の先輩に報告し、確認または関連して相談をする場面をつくるとよりパーフェクトになります。

なお、この質問ノートは、新人、初心者だけではなく、新たなテーマ（スキルアップや習得事項）を持った先輩、そしてベテラン社員、リーダー、そして上司である管理者も作成し、活用することをおすすめしたいものだと思っています。

本書の読者（あなた）も、本書の質問ノートをつくってみてはいかがでしょう。答が出ない質問は、いつでもお問合せください（「あとがき」参照）。

第4章　部下・後輩が自分で考え、行動するメンバーになる14のスキル

―解決・学び支援のための対話コミュニケーション「コーチング」

第４章では、「コーチング」に焦点を当てて、リーダーに役立つスキルを考えていきます。コーチングを活用するリーダーは、一言で言うと「メンバー本人自身の課題解決と学びの支援者」です。コーチングで、メンバー本人が「よりよい業務遂行、目標達成、課題解決」ができるようになることを目指して行われる対話型コミュニケーションです。

そのために必要な14のスキルを学びます。

【スキル26】「コーチングのコミュニケーション構造のスキル」

コーチングの基本的な考え方

本書では、コーチングを「リーダーが質問を中心としたメンバーとの対話を通して、メンバーの認識・思考・行動のレベルを高めて、メンバー自身が能力向上、仕事の目標達成や課題解決を主体的に進めていくように促進・支援すること」と定義しています。

コーチングが、「本人（メンバー）が自ら考え、解決の行動をし、同時に学ぶ」ようになる対話プロセスとして成り立つためには、コーチ（リーダー）がコミュニケーションスキル（傾聴・承認して質問する）を持っているだけでは十分でありません。相手に対してのスタンス（人に対しての姿勢、相手中心の考え方）をベースに、相手とのよい関係づくりを進めながら、スキルを活用、実践することが必要なのです。

コーチングの基本的な考え方は、次の3つです。

❶ コーチする人（リーダー）が、メンバーの成長可能性を信じていることがベースにあること。
❷ 対話コミュニケーションができる意図的な協働関係をつくること。
❸ 本人（メンバー）主体であり、メンバーの認識・思考行動を促進するために役立つコーチングスキルを習得すること。

【図表11　コーチングのコミュニケーションの構造】

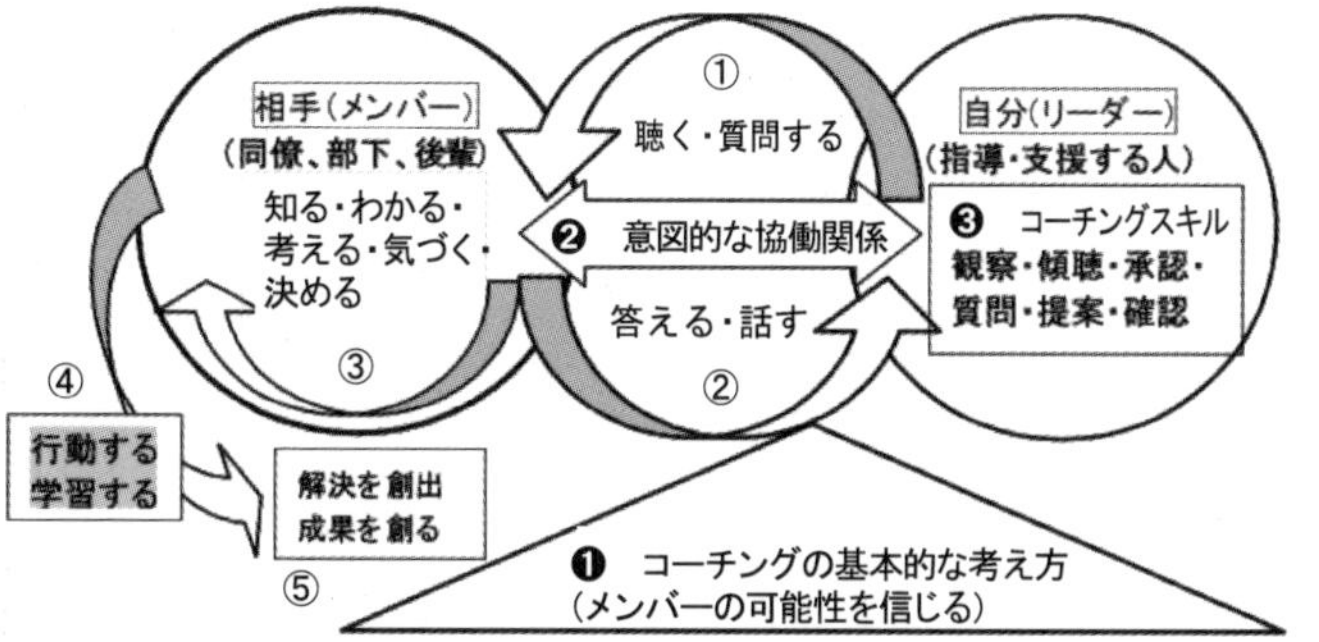

この3つを基に、コミュニケーションが十分に成り立っている状態をつくった上で、コーチ（リーダー）が、メンバーの話をよく聴いて（傾聴）、相手の言ったことを承認し、その上で質問をする（図表11の①）。

それに対して相手が答え、自分の考えを話す（図表11の②）。同時に、相手（メンバー）は、自分で自分の認識（知っていることや理解していること）を整理して、明確にし、考えを進めていく（図表11の③）。

その上で、何をどうするかを判断して、行動する（図表11の④）。

行動すると何らかの結果（成果）が出て、業務遂行や目標の達成や課題の解決が進む（図表11の⑤）。

以上のプロセスがコーチングのコミュニケーションとしての構造であり、機能です。

この図表11の①の部分で、リーダーがコーチングの多様なスキルを習得し、活用することが必要です

コーチングが職場で効果的に機能するためには

組織のリーダーが、実際の職場でスキルとして活用・実践できるようにするための「コーチング」の7つのキーポイントを述べます。

① 人が能力向上し、成長するためには、教える「ティーチング」だけでは十分ではない場合もあることを理解し、本人に考えさせる「コーチング」を学び、活かしてみようと思い、トライすること。

② メンバーと率直に話ができる関係、雰囲気を意図的につくること。

③ 取り組む業務や課題などのテーマについては、常にポジティブで前進する対話を心がけること。

④ 基本は、相手が何を感じ、何を考えて行動しているのかをよく理解する（傾聴する）こと。

⑤ 自分の答（考え）ではなく、相手の答を自分で見つけることを支援すること。

⑥ コーチング場面だけではなく、相手が実際に取った行動と結果をよく観察し、確認すること。

⑦ さらに、行動とその結果だけではなく、その体験から何を学んだかの振返りをさせること。

コーチングの8つのコミュニケーションスキル

個別のスキルの詳細を説明する前に、リーダーとしてコーチングを活用していくために効果的で有用な8つのスキルをお伝えします。

各スキルは、コーチングに限らず、職場のリーダーとしてリーダーシップを発揮していくためにも非常に役立ちます。

①観る（観察する）：日頃から相手をよく観て、行動・態度の変化、前進・向上した点を掴む。
②聴く（傾聴する）：ニュートラルで聴く。自己管理と関心・好奇心を持って聴く。
③想像する：観察したこと、察知したこと、相手の言ったこと（聞いたこと）から、見たことや言葉だけではなく、そう言った理由、背景、タイプ・考え方を想像する、推測する、仮説設定する。
④認める（承認する）：相手の存在、行動・発言、変化を認め、ほめる。ＯＫメッセージ。
⑤質問する（問う）：相手の考えや感じていることを引き出す。答を探させ、選択を促す。
⑥伝える（提案・要望する）：自分が適切と考えた今後の考え方や具体案（選択肢）を伝える。
⑦フィードバックする：連想、関連づけ、反芻させる。反映する。直感を伝える。
⑧確認する（共有化・合意する）：相手の話を傾聴した後に自分の理解を確認する。提案した後、相手の理解と今後何をするのかの結論を確認。相手自身の考えや答をハッキリさせること。

【スキル27】観る、観察する、感知する「観察するスキル」

聴く前に見る

リーダーのコーチング8つのスキルの1つ目は「観察するスキル」です。聴く前に見るです。

リーダーに求められる観察スキルは、メンバーに話しかけるとき、聞いているとき、メンバーが仕事をしているときに、次のことに注意を向けて、よく見て、観察し、感じ取ることです。

観察する内容は、【スキル14】「非言語の活用スキル」で述べた項目等です。つまり、（ⅰ）相手の表情、視線の向き、反応とその変化、（ⅱ）声の調子、トーン、大きさとその変化、（ⅲ）姿勢、体の動き、手足の動作、（ⅳ）相手の醸し出す雰囲気、同じ場にいる複数者の関係・相互作用、（ⅴ）その場の物理的環境やモノ（空間、いすや机などの備品、カレンダー）です。

以上の5つの項目を観察することは、営業担当者が、お客様、社外の取引先や関係者と交渉、折衝をする場合に相手を観察する際にも大事なポイントといえます。

しかし、実際の忙しい職場で、リーダーは、すべてのメンバー1人ひとりの話に耳を傾け、また各人の様子を四六時中、すべて観察することはできるものではありません。

職場で実践できること

それでは、職場ですぐ実践できることを次にお伝えします。

① 朝の挨拶、帰りの挨拶の場面で、相手をよく観察、感知する

第2章【スキル8】の挨拶の効用とメリットでも述べた「メンバーの調子や様子を見ることができる」のです。挨拶の声（大きさ、明るさ）、表情、態度や動作など、を感知します。毎日よく見ていると、その変化から、元気さや疲れている等の体調、調子も感じ取ることができます。

②　観察の視点・テーマを決めて見る

先に述べたように、四六時中見ているわけにはいかないので、観点を定めて見ることです。

例えば、次のような観察する視点・項目を決めるのです。

・勤務態度や仕事量（遅刻、早退、欠勤、早朝出勤、もちろん残業も）
・顔つきや体形、服装などのすぐ見える外見（①挨拶時に確認できます）
・報告、相談の回数やそのときの様子（表情、口調等）、
・会議や打合せでの発言（発言の内容、頻度、態度：ネガティブ・ポジティブ等）

③　声かけに対しての反応

報告や相談を待つのではなく、こちらからの声かけの反応、また指示するときの受け方の様子、朝の挨拶を先にこちらからしてみてその反応等をよく見ることです。

④　他のメンバーに当人の様子や変化を聞いてみる

この場合、信頼できるメンバーに、また当人とよくコミュニケーションを取っている人に、さりげなく聞く、あえて気になっている点を伝えて聞いてみる等、聞く人や聞き方には配慮し、意図的にすることが必要です。

⑤　どんな場面でも小さな変化を見逃さない

何か気になったり、違和感を持ったり、等の変化を感じたら、③声かけをして反応をみる。また、④他

のメンバーに聞いて確認することです。決して見過ごしたりせず、小事が大事に至る前に感知するのです。

⑥ 対象メンバーを絞る／期間を決めて見る

対象は、気になっているメンバー、まだ経験の浅い新人や中途採用者、他部署から異動者についてと絞ってもいいし、また全メンバーでもいいのです。

全メンバーを見る場合には、きょうは○○さん、明日は□□さん、と1日ごとまたは3日ごと等に、期間を区切って見てみるという方法も取れます。

以上お伝えした中で、あなた自身ができそうな方法で部下を観察していきましょう。

この意図的な観察によって、メンバーの「やる気、前向きさ、積極性」「得意なこと、関心事」を見つけ出し（感じ取る）、行動特性「タイプ」を掴むことができるのです。

【スキル28】 ニュートラル、自己管理、関心「傾聴・好奇心のスキル」

傾聴の実践スキル

リーダーのコーチング8つのスキルの2つ目は、「傾聴するスキル」です。

「傾聴するスキル」については、第1章【スキル5】「まず聞くことから始めるスキル」カウンセリングマインドとして、①相手の存在や考え方を受容すること、②相手の話すことを共感的に理解すること、③受け止める自分自身に率直であることの3つの傾聴姿勢をお伝えしました。

さらに、第2章【スキル11】「傾聴の実践スキル」でお伝えしたこの3つの姿勢を基にした上で、具体的な実践スキルとして、次のことをお伝えしました。

・〔相手中心〕：まず相手を理解する。相手に意識・関心を向ける。

・〔保留する〕：自分の判断ですぐ評価・否定せず「自分はそう思っている、で、相手は？」とつぶやく。「でもね…」「それは違うよ…」は禁句です。

・〔反応する〕：「なるほど」とあいづちを打ち、うなずく。部下の言葉（と気持ち）を繰り返します。相手のペースに合わせた態度、表情で反応して対応します。

（以上、振返りと復習です）

これまで学んできた以上の傾聴スキルを実践できれば、コーチングでももちろんＯＫです。これから述べる、そしてこれまで述べてきた傾聴のマインドやスキルの中で、あなたご自身にとってピンとくるもの、なるほどと納得し、実践しやすいものを活用いただければ大いに結構です。

3つの実践ポイント

相手（メンバー）が話をしたくなるスキル、3つの実践ポイントをお伝えします。

①　ニュートラルになる（自分の頭を使わないで聞く、聞くスペースを真っ白なボードのように空けておいて、相手の言ったことをそのまま書き込むイメージ）

ヒントとしては、先入観を捨てる、予測しない、先回りしない、話を聞いているうちに頭の中に「考え」が浮かんでも、それに囚われずに、そのまま放置しておく。

② 自己管理をする（心・頭・身体の管理）

・目の前に相手に意識を向けて、自分の感情や不安を1度リセット、掃除しておく。

・話を聞いて、言葉事柄を受け止めても、それ以上に考えたり、判断はしない。

・相手に意識を向ける体勢を取る（視線、相手に顔と体を向ける、少し身を乗り出す、腕や足を組んだりしない、表情など）

③ 相手に関心を持つ、さらには好奇心を持つ

「話を聞かせてほしい」という気持ちを態度で示しながら、心の内も「?」マークをたくさん増やして、何か聞いたら、「エッそうなんだ。そう思っていたんだ」「どうしてそう思ったのだろうか」「へー面白い！」と感じながら（それ以上は、自分では考えないようにして）、相手が次に言うことに意識・関心を強く寄せる。

【スキル29】 想像する、推測する、仮説設定する「想像するスキル」

想像、推測する

リーダーのコーチング8つのスキルの3つ目は、「想像するスキル」です。

さて、この「想像する」は、「観る」「聴く」の後に出てきました。この2つのスキルでメンバーについての情報収集をして（見て、察知して、聞いて、聴いて、受け止めた後）、相手を理解することを進めながら、さらに自分の中で想像するのです。なぜ、相手はそう言ったのか、そのときの表情や態度は何を意味しているのか、そう考えた背景は何かを想像し、推測するのです。

なぜ、想像、推測するかというと、相手に質問や時に提案、フィードバックする際に聞いた、見えたことでわかった範囲に限定せずに、想像や推測による仮説設定を多くしておいたほうが、伝える選択肢が広がるからです。

もちろん、ここでいう想像は、単なる空想や妄想と違って、相手の話を聞いた中から、観察して見えてきたことの中から、まだ確定ではない可能性を広げることです。

ですから、基本的には、これが一番確からしいとは思っても、できる限り複数の選択肢（考えられる案、回答）を思い浮かべて、限定し過ぎないことが大切です。

想像することのメリット

さて、コーチングにおいて、「想像する」ことのメリットや活用ポイントを次に述べます。

① まだ、聞いていない、見せていないことを想像することで、相手からさらに情報収集できる。

② わかっている範囲や現実だけから見て相手を限定しないで、より深い理解が進む可能性が高ま

る。

③　想像をポジティブで可能性を広げる方向へ向かわせることで、前進や解決に結びつけられる。

④　想像で複数の仮説を設定することにより、現状認識や解決の具体策のオプションを豊富にすることができる。

⑤　相手自身を理解するための想像では、相手の行動特徴、立場、視点からだけではなく、今そのときの心理状態や環境・状況について相手がどのように認識しているかまで想像してみる。

⑥　想像することによって、見えていることだけからの判断を排し、思考の枠を外すことができる。

⑦　想像することは、すべて仮説なので、必ず確認した上で、質問や提案、アドバイスに活用することができる。

例えば、部下が上司にある問題について相談するときには、どんな気持ちでしょうか。想像してみてください。

「課長に、全部話しても大丈夫だろうか」
「どこまで話したら理解してくれるだろうか」
「不満を率直に話してしまうとどう思われるだろうか」
「他のメンバーの話をしたら悪口に思われないだろか」
「課長は、本当に心から相談に乗ってくれるだろうか」

さあ、これくらいのことを想像した上で、相談に乗っていますか。そして確認し、安心させていますか。相手の気持ちを想像もせずに、自分の言いたいことを言っていませんか。

【スキル30】　認める、ほめる、その気にさせる「承認／ＯＫメッセージのスキル」

ＯＫメッセージ

リーダーのコーチング８つのスキルの４つ目は、「承認するスキル」です。

第2章で述べた「存在承認のスキル」（挨拶等）、「言動承認のスキル」の両方とも、コーチングでは「承認のスキル」として、相手の前向きな気持ちを引き出し、率直に自分の考えを話すことができるようにするための働きかけです。

ちょっとしたことを認める、ほめることで、相手の意識や認識、判断を、問題を解決するポジティブな方向へ向けることができるのです。

「ＯＫメッセージ」（「解決志向（ソリューションフォーカス）の実践マネジメント」青木安輝著）とは、相手の行動、成果、可能性、モノの見方、考え方等について肯定的にとらえて、相手に共感したことを伝えるための「言葉」や「動作」です。

コーチングの対話の中でＯＫメッセージを使うことで、解決への雰囲気をさらに高めることができます。いいアイデアやプラスの材料探しにつながります。

ＯＫメッセージの実践

ＯＫメッセージの具体的な実践は、次のようになります（これまで述べた承認と重なる部分も多くあります）。

・言葉：ほめる、ねぎらう、認める、よい指摘、感謝（ありがとう）、ポジティブフィードバック、励まし、応援、共感、よいうわさ

・動作：うなずき、ほほ笑み、笑顔、見守る視線、Ｖサイン、ハイタッチ

・具体的なフレーズ例（相手の発言への対応）

「まだ少ししか進んでいないのです」↓「少しは進んだんだ！」

「やってみたけれどうまくいかなかったのです」↓「まずトライしてみたのですね」

「何かお手伝いすることはありますか」↓「ありがとう。そう言ってくれることが、うれしいな」

ＯＫメッセージは、相手にとってプラスに感じられるものであったかどうかです。ですから、決まり文句を言えばいいのではなく、ＴＰＯ（そのときのタイミングや場面、状況）に合わせたメッセージを発することが非常に大切なポイントです。

ネガティブな言葉を発したり、聞いたりした場合においては、その言葉に対して少しでも進んでいることやできている部分を見つけ、ポジティブな表現にして返すことがＯＫメッセージとなります。

そうはいっても、あまり無理にプラスの方向へ持って行き過ぎたり、大げさにし過ぎたりしては、相手が受け止めにくいこともあります。やり過ぎもいけません。ただし、そうであっても、気持ちは伝わるものです。

また、現状が非常に厳しくて大変であっても、そこのプラスの意味づけをすることは可能です。応援や激励の言葉もOKメッセージになります。

【スキル31】コーチングの質問の基本「考えを引き出す質問のスキル」

質問のポイント

リーダーのコーチング8つのスキルの5つ目は、「質問のスキル」です。

コーチングの質問の考え方については、第1章の【スキル7】「質問で答えを引き出すスキル」で述べてきました。本項では、質問の具体的なスキルについてお伝えします。

ここでは、コーチングで効果的な質問のポイントについて、さらに詳しく説明します。

① シンプルに質問する（1回に1つのこと、言葉は短く、肯定的に）

人は、問いかけられると、その答を考え始めます。しかし、1度に2つ、3つ質問されても同時に考えることは簡単ではありません。どちらから答えたほうがいいのか、聞かれた順番でいいのかと考えてしまったりします。

長い質問は、理解するのに時間がかかり、質問する人の考えや意見が入った質問になっている場合も多くあります。そうなっては、質問された人がそのことに意識が向いたり、本人自身の考えを素直に言えなくなったりしかねません。

② 相手の言ったことを受け止めて質問する（なるほど……？　そうなんだ。で……？等）

質問された人は、自分で考えながら答えます。そこで、全然違ったことを突然聞かれると、また考えるのに時間がかかります。

自分が言ったことについて聞かれると、さらに自分自身の考えを深めることにも効果的です。例えば、「今おっしゃった○○について、もう少し詳しく言うと？」とか、「今の□□は、もう少し具体的に言うと？」等です。

ただし、ある程度1つの話が落ち着いたときには、別の話（考え）を引き出すためには「他には？」ということで違うことへ目を向けさせることもあります。

③ 相手が自分主語での認識・判断と行動を答えられる質問をする（あなたは、どう思う？……で何をするの？　そもそも、一番やりたいことは？等）

業務遂行や課題解決で現状を共有化する場面では、起こったことや事実を聞く質問となりますが、そのような現状把握の質問ばかりしていると、聞いている人（リーダー）自身がその問題を解決するための情報収集になってしまうことがあります。

コーチングでは、その状況下で、本人（メンバー）自身が、どう認識して、今後何を目指して、どのように判断して、行動していくかがメインの内容となります。そのためには、本人自身がどのように考えているか（認識とその判断、そしてどう行動するか）を問いかけるのです。

④　相手自身（タイプ・レベル）と状況（忙しさ、重要度、関係）についての質問をする

この質問は、相手が自己理解を深め、また自己を取り巻く状況をよく認識して、効果的で現実的な具体策や解決策を考えてもらうためにする質問です。特に業務遂行を進めるテーマでのコーチングでは不可欠です。

拡大質問・肯定質問・未来質問

可能性を広げて、解決が進むコーチングの質問のスキルとしては、他に「拡大質問」「肯定質問」「未来質問」の3つがあります。

①　拡大質問⇕限定質問

拡大質問（オープン質問）とは、相手が考えたことを自由にどのようにでも答えられる質問です。その反対は、限定質問（クローズ質問）で、ハイ、イイエや選択肢で回答するような質問です。

拡大質問の具体例（⇕の後は限定（クローズ）質問）は、次のとおりです。

・（ちょっと気になることが…）に対して「具体的には？」⇕「気になっているのは○○ですか？」

・「何が問題だと思いますか」⇳「○○が問題だと思いませんか」
・「何をしようと思っていますか？」⇳「○○はしないのですか」

拡大質問は、たくさんの答を出せる質問です。基本的に相手が思ったこと、考えたことを自由に答えられるので、コーチングで重視し、よく使います。

限定質問は、深く考えないで事実（実際にあったこと）や感覚的に答えることとなるので、それほど多くは使いません。ただし、具体策を絞り込むときなどには、選択肢を使った限定質問を使うことがあります。

② 肯定質問⇳否定質問

肯定的な質問は、可能性やうまくいっていること、できる方法について問いかける質問です。その反対は、否定的なこと（うまくいかないこと、できてないこと等）を聞く否定質問です。

肯定質問の具体例（⇳の後は否定質問）は、次のとおりです。

・「これまで前進してきたことは何ですか」⇳「進まないことは何ですか」「後退したことは？」
・「すでに目標に向かってうまくいっていることは何ですか」⇳「うまくいっていないことは何？」
・「誰の協力があったら助けになりますか」⇳「誰の反対があると障害になりますか」
・「何があったら解決しますか」⇳「何があるから解決しないのですか」

業務遂行や解決を前進させるためのコーチングにおいては、困難な点や障害、難しい要素、うまくいかない原因を見つける否定質問は原則的に使わず、肯定質問を多用し、できる方法を見つけ、見通しをつけて前向きな気持ちを高めます。

③　未来質問⇕過去質問

未来質問は、これから先に実現させたい目指す姿、これから実行することなど、これから先に起こることを聞く質問です。

それに対して過去質問は、これまでに実施したこと、その結果（成功、失敗の両方）を聞く質問です。

コーチングでは、現状認識の確認、共有化のためには過去質問も必要な場合がありますが、今後の目標、具体策、行動を引き出すためには未来質問を多く使います。

未来質問の具体例（⇕の後は過去質問）は、次のとおりです。

・「目指す姿は何ですか」⇕「何を目指していたのですか」「目指す姿はどうなりましたか」
・「今度うまくいくためには、どうしたらいいですか」⇕「なぜ、失敗したのですか」
・「うまくいったことを次にどう活かしますか」⇕「うまくいったのはなぜですか」

過去の事実についての問いかけは、プラス面・マイナス面にかかわらず。既に終わってしまっているので、もう変わらないことです。

未来へ問いかける質問は、これから先のできること、変化をもたらすことへ意識を向けることができます。

職場でのコーチングの質問活用例

職場で、失敗した部下に、「何で失敗したんだ?」「普通そうはしないだろう」と否定的な質問やネガティブな指摘はしていませんか。

意識しないと、ついつい出てきてしまうフレーズです。

人にもよりますが、部下は、益々下を向いて落ち込むか、逆に「しようがないですよ。まだ経験も少ないし」と開き直り、言い訳モードに入ります。

この場合は、コーチングの質問を活用すると、「失敗したのは残念だったが、今思えばどうしたら、うまくいったと思う?」「何を考えていれば、そうしないで済んだと思う?」と言うような言い方ができます。

そう聞かれると、たいていの部下は、「実は、こうすればよかったと今は思っています」「この点について考えが足りなかったと思っています」と、今後は失敗しないための考えを口に出すか、「そうですね。どうすればよかったのでしょうか。教えてもらえませんか」と、自分ですぐ考えられなくても、考えようとし始め、また、教えてもらおうとします。

コーチングの質問活用例

次は、新人指導を担当している若手社員からの相談でのコーチングの質問例です。

若手社員Dさん　「係長、新人のE君は、仕事を教えると『ハイ。わかりました』と返事はいいのですが、いつもミスばかり多くて困るのです」「ミスをしないよう十分に注意してからするように言っても、『ハイ。わかりました』ばかりで、困っています。どうしたらいいでしょうか」

A係長　「それは、教え方が悪いんじゃないか。どうやって教えているんだ?」

B係長　「困っています、じゃないだろう。どうしようと思っているんだ!」

どちらも質問にはなっているようですが、聞かれたCさんはどう思いますでしょうか。

C係長　「そうか。新人指導も大変だね。それで、E君にはどうなってほしいと思っているの?」

Dさん　「何でも『ハイ。わかりました』と言わずに、少しでもわからない点は質問や確認してもらいたいのです」

C係長　「そうだね。そうなったらいいよね」「そうなってもらうためにできることは何かな?」

Dさん　「そうですね。まずは、「何か少しでもわからない点はない?」とか、「どのあたりが難しそうかな?」と私のほうから質問して、理解の度合いを確認してみることにします」

C係長　「それはいいね。何か教えたら、必ず質問して確認するということだね」

いかがでしょうか。C係長は、未来質問「E君に（これから）どうなってほしい？」、肯定質問＋拡大質問「できることは何？」、を使っています。

さらに、C係長は、相手の話を肯定して、OKメッセージ「そうなったらいいよね」「それはいいね」と伝えています。要約して「必ず質問して確認するということだね」と確認もしています。

【スキル32】ヒント、提案、要望で選択肢を増やす「伝える／提案・要望のスキル」

提案・要望のスキル

リーダーのコーチング8つのスキルの6つ目は、「伝える／提案・要望のスキル」です。

コーチングの基本は、傾聴と承認で、相手が自分の思っていること、感じていることを率直に話ができる関係をつくり、質問でさらに自分の考えを整理したり、深めたり、自ら選択し、判断して、結論を出すということです。

したがって、原則、リーダー側から指示したり、教えたりはしません。ただし、明らかに誤解、誤認していることや知識が不足しているために間違った判断をしてしまう場合には、その誤りを指摘して教えることは必要です。パソコン操作のミスや業務手順の誤り規則・ルールを知らないなどについても、教えないわけにはいきません。ここは「ティーチング」の出番です。

そのような場合以外には、コーチングをするリーダーは、自分の意見を言わないのかと言うとそういうわけではありません。具体策を考えているのに1つしか出てこない、見方が固まっていて違う視点から考えられない、そのように質問だけをしていても本人の答えが広がらないときがあります。そのときには、ヒントを出す、または提案・要望をするという術もあります。

コーチングでは、基本的に、本人自身が主体的に判断することが大事であることは言うまでもありません。ヒントや提案また要望（リクエスト）は、相手が判断するための選択肢を増やすということがねらいとなります。その意味で、提案も押し付けや指示命令的になっては効果的ではありません。

提案や要望をする際のポイント

提案や要望をする際のポイントは、次の5点です。

① 突然言わずに、了解を得てから言う「私のアドバイスを言ってもいいかな？」
② 短くにストレートに伝える（質問の場合もそうですが、長々言うと理由や根拠まで説明してしまい、主張や説得になってしまう）。簡潔に伝えて、意味が伝わったか、相手に質問し確認する。
③ 質問形で伝える「○○をするっていうのはどう（役立ちそう）かな？」
④ 相手が理解して、判断し、行動できるように具体的に伝える

⑤　選択権（決定権）はメンバーにあるということを明確に伝えておく

「提案も含めて3つあるけれど、○○さんとしてはどうすればいいと思う？　自分で考えてみて」。ヒントは、具体的な提案、要望の1歩手前の考え方、視点や事例を伝えることです。「相手の立場に立ってみたら、○○って思っているかもしれないよね」「自分だったら、例えば□□と△△とどっちを選ぶ」「同じような場合◇◇をしてうまくいったというケースもあるよ」等。

コーチ側として、絶対これがいいという立場はとらず、複数の考えを出せるように、またその候補を出すためキッカケ、選択肢そのものを出してみる（あえて100点満点のものではなく、70点、80点のものを出す）。

メンバーが考えるための材料を提供することが、コーチングにおける提案、要望なのです。

【スキル33】　連想、関連づけ、反芻、反映する「直感・フィードバックのスキル」

フィードバックのスキル

リーダーのコーチング8つのスキルの7つ目は、「フィードバックのスキル」です。

フィードバックのスキルについては、第3章の【スキル24】「評価・フィードバックのスキル」でもお伝えしました。

そこで述べたのは、「ティーチング」で、教えたことを実際にやってもらい、その結果について評価するフィードバックでした。

本項のフィードバックは、「コーチング」の対話において行われるもので、評価のフィードバックではなく、相手（メンバー）の具体的行動や態度、発言についてリーダー自身が感じたことを相手に返すことです。

「コーチング」の専門家のスキルとしては、「直感のスキル」「反映のスキル」と呼ばれているものを活用することです。その意味を踏まえて、あえてこの項では「直感・フィードバックのスキル」と呼ぶことにします。

「直感のスキル」での直感は、もちろん意図的な判断ではなく、また勝手な憶測や思込みではなく、まさにひらめきや浮かんだ言葉、そのときに感じたことです。それを口にしてみることです。

かなり行き詰ったように感じて「それってまさに四面楚歌。出口入口全くなしって状態にみえる!?」とか、もう1歩で開けそうな感じがして「今、まさに夜明けの一瞬前、日の出までカウントスリーと感じました」というような表現です。

実際の職場では、思ったことを口にするといっても、相手との関係性で、突然言ってもあまりピンとこないことがあるかもしれません。そのような場合には、「あなたの話を聴いて、私が感じたことを言ってもいいですか？」と一言前置き（確認）してから、率直に感じたことを口にするほうがいいかもしれません。

「反映のスキル」とは、相手の感情や思いについて、受け止めたあなた（リーダー自身）の言葉に置き換えて相手（メンバー）に伝えることです。

例えば、少し元気がなく、暗い感じに見えた場合に、「何かすごくがっかりしているような感じがするのですが、何があったのですか」「いつもの元気度100としたら、20くらいに見えるけど、どうした？」。

フィードバックには、【スキル24】「評価・フィードバック」でも述べたように、「Iメッセージ（私は～）」を使います。私には～のように「聞こえます」「見えます」「感じます」「受けます」「伝わります（ました）」等の表現で伝えるのです。

また、この項のフィードバックのスキルは、反映のスキルの意味も含めていますが、これは、まさに相手の鏡になること。相手自身を鏡になって相手自身を映して反射するスキルです。

そのフィードバックによって、相手は、自分自身の意識や状態、感情や思っていること、考えを関連づけたり、反芻・連想したりすることができ、意識を広げたり、考えを整理したりすることに役立ちます。

この直感・フィードバックのスキルの活用の際にリーダーが注意する点は、固執しない、決めつけない、相手がどんな反応をしても構わない、ヒットしない（無反応でも）気にしないこと等です。相手の意識や思考が少しでも進むことに役立つことがねらいなのですから。

【スキル34】解決した姿・状態は「目標を明確にする質問のスキル」

解決コーチング

コーチングは、本人（メンバー）自身が「業務遂行、目標達成、問題解決」を進めていくことを支援するためのものです。

そのためには、それぞれの目指す姿や望ましい状態（円滑に業務が進んでいる、目標に向け前進している、問題が解決している）が明確であること、どうしたら目指す姿や状態に近づくのかがわかっているようになっていることが必要です。

このように目指す姿や状態になることと、そのための具体策がわかっていることを「解決」といいます。「解決」とは、言い換えると、目指す状態へ向けて「うまくいく」「うまくいっている」「うまくいった」ということです。

この「解決」へ導くコーチング、つまり解決コーチングでは、３つの質問が効果的です。

３つの質問とは、次の質問です。

① 目指す姿や望ましい状態を明確にする質問：「どうなっていたらいいのですか」

② その目指す姿、状態になるために役立つことを探す質問：「その目指す姿に向けて少しでも進んでいるところは何ですか」「何があったら解決が進みますか」「今回の解決に役立つことは何で

すか」

③　その目指す姿、状態に前進するためにすぐできる具体策、具体的な行動を考える質問：「その目指す姿に向けて、今すぐできることは何ですか」

以上の３つの質問の①の目指す姿や望ましい状態を「解決ゴール」、②の目指す姿、状態に少しでも近づいている部分、解決に役立つことを「リソース」、③の具体策、具体的行動を「スモールステップ」と呼びます。

「解決ゴール」を聞く質問

コーチングの質問の基本「肯定質問」「未来質問」で、目指す姿や状態を聞くことです。例えば、「1年後にはどんなことができるようになっていればいいのですか」「問題が解決して、どうなっていたらいいのですか」等です。

ここでのポイントは、「どうしたらできるか」という手段・方法は考えずに、まず「どうなっていたらいいのか」という目指す目標や状態をできるだけ好ましく、かつ具体的なイメージで描くことです。

研修で、「その問題は、どうなっていたらいいのですか」と聞いているのに、「いや、それはなかなか難しいですよね」とか、「問題がちょっと大変なんです」という答が返ってくることが時々あります。

これは、目指す姿や解決した状態を聞いているのに、頭の中が問題という現状のうまくいっていないことで一杯になっているから起こることです。

「どうやったらできるかどうかはさておいて、どうなっていたらいいのですか」と聞き直して、まずは、目指す姿や状態「解決ゴール」を聞き出しましょう。描いてもらいましょう。

【スキル35】　1歩1歩進ませるための「スケーリングの活用スキル」

スケーリングとは

スケーリングとは、「達成した姿（または解決した状態）を10点満点として、今は何点ですか」と聞いて、本人の思う現時点での達成度合いを明確にすることです。

スケーリングは、「本人にとっての問題の程度や解決に向けて進んだ度合を計るためのモノサシをつくること」なのです。

スケーリングを使うことで、その点数分の前進している点、できている点を明確にして、リソースを引き出すことがねらいの1つです。

「何が不足しているからその点数に留まっているのか」と問うのではなく、「何があるからその点数まで来ているのか」とプラス面を聞きます。

また、スケーリングは、あくまでも「本人にとって」の現状を確認する目的なので、客観性は問わないし、聞く側の主観は脇に置きます。

もう1つのねらいは、キッカケづくり。何点だと思っていてもいいので、そこから1点上げるために何ができるかというスタート地点を確認し、その1点をアップするスモールステップ（具体策、具体行動）を考えてもらうキッカケづくりのためです。

スケーリングのやり方は、とても簡単で単純ですが、抱えている悩みや問題に活用するとすごく効果的です。

例えば、メンバーが何か悩みや問題を抱えたときや何かに落ち込んでしまったとき、現状は何点かということで「今の状態を見つめ直すことができる」のです。しかも、「できていないではなく、何点であっても、点数分の何があるのか（少しでもできている点）を探す」のです。

次に、「この状態がどんなふうに変われば解決したと感じられるか」を考えます。「解決した状態を10とする」ということで、「解決した状態を考えること」ができます。そして、「今の状態から1点だけ点数を上げるためにはどうしたらいいか」を考えるというように使うのです。

また、次に何をするかを考える場面だけではなく、何か具体的に動いてみて、どのくらい進んだと思えるかを自分自身で振り返るときにも使えます（もちろん、リーダーに問いかけられて答えるときにも使えます）。「やってみて、何点になりましたか」「何点進みましたか」という質問に答えるのです。

例えば、次は、スケーリングを使った振返りの例です（コーチングをして１週間後）。

リーダー「１週間やってみて、前回から見て何点になった？」

メンバー「１点進んで、５点になりました」

リーダー「それはいいですね。で、進んだことは？」

メンバー「○○ができたこと。□□の結果が出たことです」

リーダー「そうか。順調だね。このままいくとかなり早く達成できるかもしれない。それで、さらに１点進むためにすることは何？」

メンバー「△△をやってみます」

リーダー「よし、また来週に結果聞かせてね」

どうでしょうか。テンポよく話が進むと、１〜２分の対話で話を終えることができます。

【スキル36】　解決に役立つ「強みとリソースを引き出す質問のスキル」

リソースを聞く質問

目指す姿、解決した状態「解決ゴール」の次は、その解決に役立つ「リソース」を聞く質問です。

１つ目は、現状の中で「解決ゴール」の状態に少しでも近い部分とか前進している部分、言い換えると、うまくいっていることを探す質問です。

そのための質問が、「解決ゴールを10点満点として、今は何点ですか?」と聞いて、例えば相手が「3点」と答えたら、その点数分の中身を「3点ですか。その3点分の少しでもうまくいっていることは何ですか」という聞き方です（前項【スキル35】「スケーリングの活用スキル」）。

この質問をしても、時々「いや、まだできていないことが多いから3点です」、3点をつけた理由を答える人がいます。そのときには、「とはいえ、0点でも1点でもなく3点なので、全く何もないということはないでしょう。どんな小さなことでも構いません、少しでもできている3点分の中身は？」と改めて点数分を聞いてみると、「そういえば、こんなときはうまくいったことがある…」というように答が出てきたりします。

2つ目は、解決ゴールに向けて前進するために役立つことを、何でもいいから探すための質問です。

ストレートに言うと、「今回の解決に役立つものは何ですか」となりますが、これだけではすぐ浮かばないこともあります。その場合には、「解決を進めるためにどんな支援（手助け）があれば、うれしいですか」「誰のどんな協力があれば前進しますか」「何があったら解決が進みますか」と聞いてみます。

本人が持つ強味や得意なことも役立つリソースです。

先ほどの点数分の中身を聞いたときに、ある状況、ある条件ではうまくいっていることがあるというのも、非常に意味のあるリソースです。そのある状況や条件がリソースの一部といえるかもしれません。

3つ目は、目指す「解決ゴール」になったときの姿、状態と今（まだ解決が進んでいない現状）との違いを見つける質問です。

業務遂行であればうまくいっている状態、目標が達成したとき、問題が解決したときを明確に具体的にイメージして、今と何が違っているかを質問します。

例えば、「仕事がうまくいくようになったとしたら、今と何が違っているのでしょうか」「目指す目標が達成したときには、今と何が違って（変わって）いるのでしょうか」、どちらも「どんな小さいことでも構わないので、思いつくこと、目に浮かぶことをたくさん出してみてください」とさらに補足して質問すれば、だんだんと答が出てきます。

この質問は、言い換えると「解決ゴール」の状態やそれに近づくまでのプロセスの細分化と言えます。スモールゴールが明確にされると、その小さなゴールが達成されるために必要なことが見えてくるからです。

解決コーチングに限らず、相談や問題解決のコミュニケーションを取る際に、物事を大きなままでとらえた抽象的な言葉のままではなかなか話が進みません。細分化し具体化することは、行動に結びつきやすくすることになります。

【スキル37】 できることからやってもらう「スモールステップのスキル」

スモールステップを聞く質問

「リソース」をたくさん見つけることができたら、次は、そこから解決へ進むための具体策、具体行動である「スモールステップ」を聞く質問です。

一番シンプルな質問の1つは、「解決ゴールを目指して、今すぐできることは何ですか」、他には「今すぐできることで、解決を進めることとは何ですか」です。

スモールステップは、その言葉どおり、解決ゴールに向けて1歩ずつ前進する具体的な行動のことです。

スモールステップのポイントは5つあります。その1つ目は、「すぐできること」です。他には、「簡単にできること」、「今までやっていないこと」、そして「うまくいった（いきそう）なこと」、「多様な視点の選択肢の中から選んだこと」です。

スモールステップで、解決の具体策、具体行動を選んで行うことのメリットは、3つあります。

1つは、決めたことを実行に移しやすいことです。いわゆる大きな実行計画で準備が何段階もある計画では、途中で挫折することもよくあります。スモールステップは、すぐできることなので、すぐに取りかかることができます。

２つには、実施することで結果が大きな成果につながらなくても、わずかにでも前進した感があり、また実行できたこと自体が「できた」という成功体験として、次に向かう意欲につながることです。

３つには、もし、その具体策（行動）では効果がなくても、小さな行動なので、すぐに違う具体策（行動）に切り替えて実行することができます。

指導育成にもスモールステップを活用

このスモールステップは、解決コーチングでの解決ゴールの達成のための行動の手法というだけではなく、様々な技能（スキル）習得のための学習法、指導育成法としても非常に有効に活用できます。

スモールステップ法は、学ぶ内容、習得する能力を小さな単位（スモールステップ）に分割して、やさしい内容にして、少しずつ小刻みに段階を踏んで学ぶ（教えていく）ほうが効果的だという考え方です。

このスモールステップ法で指導育成したり、学習したりすることのメリットは、前述したように前進感、できた感があり、モチベーションを維持しやすいことです。

実践するに当たってのポイントは、スモールステップの程度（度合、刻み）はあくまでも学習する本人の現在の知識・スキルのレベルや意欲、認識によって違うということです。例えば、リーダーから見て小さなステップであっても、メンバーからは高いハードルとなる場合もあります。

これらの点から、実践のポイントは、①学習（指導）内容を細かなステップに分解すること、②相手にとって適切なスモールステップを設定すること、③1度につき1つのステップに集中して実践することの3つです。

教え過ぎは消化不良を招きます。その上で、1つひとつ確実に身につくまで評価・フィードバックを繰り返します。

【スキル38】 解決を前進させる「シンプルコーチング／3つの質問のスキル」

解決を前進させるシンプルコーチングのステップと進め方

コーチングは、メンバーの「業務遂行、目標達成、問題解決」の3つを支援することです。そのために必要な8つのコミュニケーションスキルを中心に学んできました。

本項では、【スキル34】から【スキル37】の4項目でお伝えしたスキルの活用を基にして、職場で実践しやすい「解決を前進させるシンプルコーチング」のステップと進め方をまとめてみました。

基本は、次の3つの質問です。

① 解決された姿、望ましい状態を明確にする質問（解決ゴール：解決した状態・姿を明確にする）
② できているところ、少しでも進んでいることを訊く質問（リソース：解決に役立つことを探す）
③ さらに1歩進むための行動についての質問（スモールステップを増やし、どれかに決める）

3つの質問を順番に問いかける

相手（メンバー）の何とかしたいこと、解決したいことを聞いたら、この3つの質問を順番に問いかけていって、最後に具体的解決行動（スモールステップ）を1つ以上決めてもらうことです。

① 解決された姿、望ましい状態を明確にする質問（解決ゴール）

問題（現状のネガティブな状況、困難な条件、上手くいかない理由等）を聞いた後で、

・「それで、どうなっていればいいのですか」
・「解決した状態は、どんな姿ですか」
・「何がどのようによくなることを望んでいますか」

という解決ゴール（目標）を明確にする質問をします。

② できているところ、少しでも進んでいることを聞く質問（リソース）

解決ゴール（目標）が明確になったら、次にその目標に少しでも向かっている部分を訊きます。

・「そのような中で、少しでも進んでいることは何ですか」

・「その目標に向かって、少しでもできているところ（場合、人）は何（いつ、だれ）ですか」
・「以前よりはいくらかよくなっていることは何がありますか」
次のような「スケーリング」質問も活用できます。
・「解決した状態（目指す姿）を10点としたら、現在は何点ですか」
・「（10点満点に対して今が3点だとしたら）そのできている3点の中身は？」
・「（3点の中身）他にまだあるとしたら何ですか」

③　さらに1歩進むための行動についての質問（スモールステップ）

・「今までやってきたことの中で効果的だったことは何ですか」
・「さらにもう1歩前進するとしたら何をすればいいでしょうか」
・「これまでやったことと違うことで効果的なことは？」
・「まず何からやりますか」

この3つの質問によるシンプルコーチングは、メンバーが何とかしたい問題・解決したいことが明確であれば、短時間で行うことが十分できます。

特に、①「解決ゴール」（目指す姿・解決した状態）を明確かつ具体的にすることがキーポイントです。

②のリソースは、たくさん出ることに越したことはないのですが、次のスモールステップ（解決

の具体行動）を出すためのきっかけです。少しでも出たら、次に③へ進みます。

③のスモールステップでは、リーダーは質問するだけではなく、アイデアやヒントも出して、少しでも解決行動の選択肢を広げるように促進します。

最後は、必ずメンバー本人に何をするかを明確に、具体的に（いつから、何をどうするのか）言ってもらいいいます。

慣れてくると３〜５分もあれば、進められます。もし、どうしても③が決められない場合には、宿題にして、１日後に再度コーチング（対話）することでも結構です。

【スキル39】　振返りの質問で学ぶ「ＤＬＴＴサイクルを回す」

振返りの質問

コーチングは、「業務遂行、目標達成、問題解決」を支援することです。そのためには、目指すものを明確にする（解決ゴール）、そして現状のできている点や解決に役立つ点を見つける（リソース）、その中から考えて具体的なすぐできる行動を決めて実行する（スモールステップ）という解決コーチングの３つの質問をお伝えしました。

この解決をさらに推し進めるためには、やったことのフォローアップが必要です。そのための質問が「振返りの質問」です。

「振返り」とは、1文で述べるならば、「自分が行動したことについて、何をしたのか、どうなったのかを見直し、なぜそうなったのかを考え、次にどう活かすかを明らかにすること」となります。解決が進んだ、成果が出た、うまくいっただけではなく、そのプロセスで何を学んだかが大切なのです。

「振返り」は、この体験から学ぶことを促進するアクションです。なぜかというと、学んだことを自分自身で明確に意識し（口に出す、書き出す）、そのことを基に、次に（他に）どう活かすかを考え、そして実践する、この繰返しがそのまま「体験学習」となるからです。

その意味で「振返り＝学習（学ぶ）」といっても過言ではありません。

コーチングは、「業務遂行、目標達成、問題解決」の支援と言いましたが、ここでもう1つつけ加えられるのが「学習」の支援（＝学習コーチング）です。

振返りの質問例

次に、コーチングや仕事の相談や面談などで使える振返りの質問例を挙げておきます

●業務終了時、報告時の「振返りのための質問リスト」

・「やってみてうまくいったこと（うまくいかなかったこと）は何ですか」
・「やってみて何か気づいたことはありますか」

・「次に工夫することは？　活かせることは？」

●会議、ミーティング、中間・終了時での「振返りのための質問リスト」

・「会議（ミーティング、グループ）の雰囲気はどうですか（どうでしたか）」
・「全員が参加できていますか。さらに全員が積極的に参加するために、何をしますか」
・「お互いが相手の立場に立って発言や質問をしていましたか。傾聴はできていましたか」
・「今回の会議（ミーティング）で学んだことや気づいたことは何ですか。また、実際の職場や仕事でどのように活かしますか」

学ぶサイクル「ＤＬＴＴサイクルを回すスキル」

改善や業務管理のＰＤＣＡサイクルは、報連相と並ぶ仕事の基本として、研修で聞いたり、本で読んだことがある言葉だと思います

ＰＤＣＡサイクルは、言うまでもなく「Ｐｌａｎ（計画する）」→「Ｄｏ（実施する）」→「Ｃｈｅｃｋ（評価する）」→「Ａｃｔｉｏｎ（改善する）」と4つのステップを踏んで進めて、さらに「Ｐｌａｎ」に戻って回るというサイクルを継続していくことです。

本項での「ＤＬＴＴ」サイクルは、「Ｄｏ（体験・実行）」→「Ｌｏｏｋ（見直す・評価）」→「Ｔｈｉｎｋ（考える・検討する）」→「Ｔｒｙ（試行・活用）」です。

【図表12　学習サイクル（ＤＬＴＴ）】

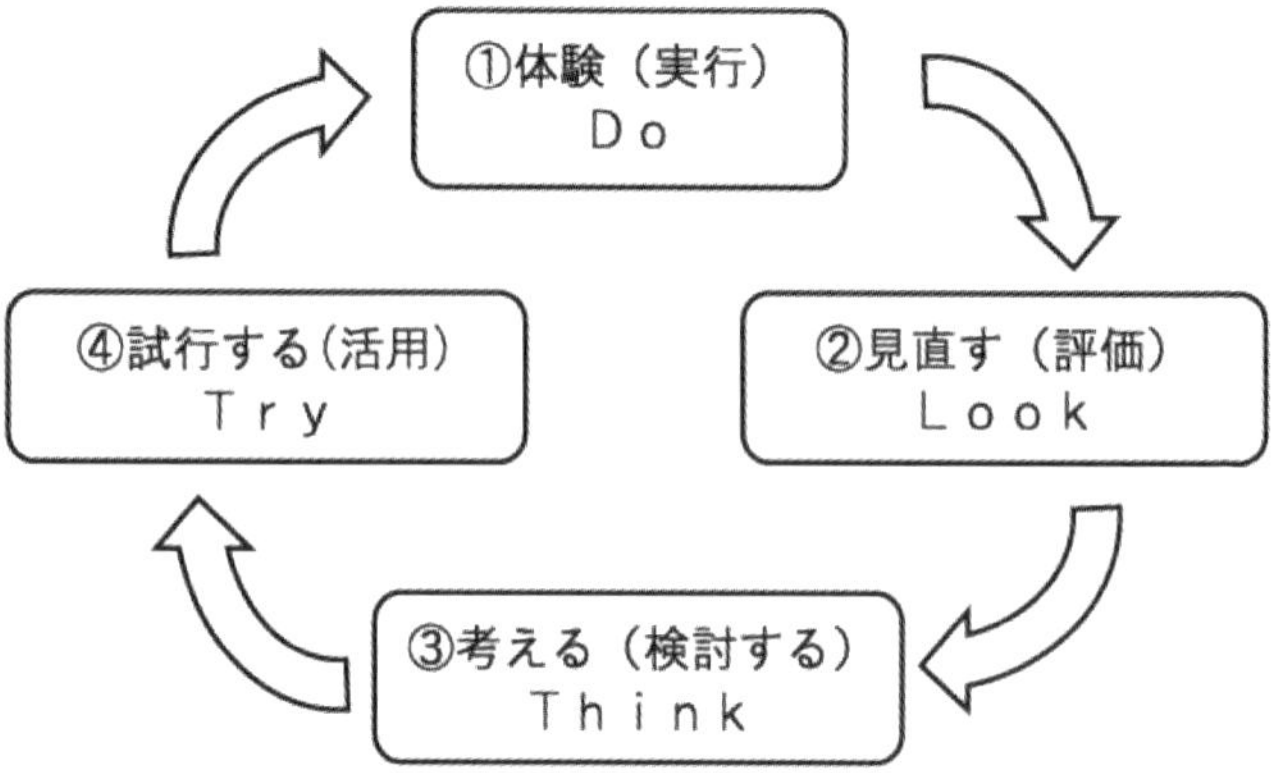

①　Ｄｏ・体験
②　Ｌｏｏｋ・見直す
　＊本人（自己）評価を聞く「自分ではどう思いますか」
　＊さらに振り返る「よかったことは何ですか」
　「できたことは何ですか、できなかったことは何ですか」
　「もっとこうすればよかったことは何ですか」
③　Ｔｈｉｎｋ・考える
　＊評価（できたこと、できなかったこと）の要因を掘り下げる
　「どうしたらもっとうまくできたのでしょうか」
　「やってみて気づいたことは何ですか」
　「今回やってみて学んだことは何ですか」
④　Ｔｒｙ・試行
　＊活用・応用を考えどうするかを決める
　「次にやるときはどうしますか」
　＊次に行動する案を複数挙げて、選ぶ
　「次にできることは何ですか」
　「次はどれをしますか」

第5章　部下・後輩から報告・連絡・相談を受けた際のポジティブ対応12のスキル

―職場の報連相（情報の共有化）を深めるために

第2章から第4章にわたり、メンバーの指導育成をメインテーマとして、「カウンセリング」「ティーチング」「コーチング」という3つの手法での具体的スキルを学んできました。第5章では、実際の職場で仕事を進めていく中での「報告・連絡」と「相談・打合せ」を効果的に進めるための12のスキルについて学んでいきます。

【スキル40】「報告」「連絡」「相談」って何？ 職場で仕事の言葉が通じていますか「通じ合う〝共通言語〟をつくるスキル」

職場の情報共有化「報連相」を考える

「報告・連絡・相談」は、まとめて「報連相」と言われ、新入社員研修の必須事項の1つであり、PDCAサイクルと並んで、組織や職場で仕事を円滑に進めるための大切な基本とされています。

報連相は、組織や職場で仕事を円滑に進めるために大切なことです。また、社内だけではなく、お客様や取引先との報連相も、うまくできていないと顧客満足度を低下させて、クレームを引き起こす要因ともなります。

誤った報連相で大きな事故を引き起こしたり、不祥事の隠蔽などが明るみになり、会社を揺るがしかねない重大な事態になるケースもよく報道されています。リスクマネジメントの観点からも組織の重要な機能といえます。

その一方で、職場の中で実際の報連相の意味・内容について明確になっていないために、理解がバラバラという状況もよく見られます。

報連相の本質は、「組織（職場、チーム）で仕事に必要な情報の共有化を深めること」です。そのためには、第1章【スキル2】効果的なコミュニケーション3つの視点の「明確な意図・相手中心・自己振返り」が最重要事項です。つまり、仕事に必要な情報の共有化「報連相」には、その職場の全メンバーは「常に3つの視点から考えたコミュニケーションの手段を取ること」が必要です。

そして、それと同じくらいのレベルで重要なのが、【スキル3】コミュニケーションの3つの通じるができていることです。

「言葉だけではなく、その意味まで共有していること」。さらに、「実際に必要となる対応を導く思い・考え方までが通じ合えていること」で、初めて十分に機能すると言っても過言ではありません。

「報告」「連絡」「相談」とは何か

上司から、突然、「何で報告をしなかったんだ！」「もっと早く言ってくれないと困る。遅いと思わないか」と言われました。部下は（心の中で）、「いつも報告しなくても文句言わなかったのに」「すぐ報告しても聞いてくれないときがあるのに、何で今回に限ってそんなことを言うのだろう？」と思いました。

職場で、報連相についてこんなすれ違いはありませんか。そうしょっちゅうということでなくても、ありそうな話ですよね。いつも、それほど口うるさく「報告」と言わない上司が言うからには、上司にとっては重要だったり、急ぎの用件だったりしたのでしょう。

私が実施している「報連相研修」で、「〝報告・連絡・相談〟って何ですか。社会人になったばかりの新人にわかりやすく一言で説明するとしたら、どう伝えますか」と質問します。

様々な答えが返ってきます。例えば、「報告」は、過去のこと、起こったことを上司に伝えること。「連絡」は、これからのこと、または途中経過をみんなに伝える。「相談」は、わからないことを聞くこと等々です。

大きく間違ってはいないのかもしれませんが、少々曖昧な感じがしませんか。特に、「報告」と「連絡」の違いが明確ではないように感じます。

私が社会人1年生のとき、最初の仕事は企業研修の営業マンでした。その頃に戻ってみると、「報告」とは、週1回週末の営業ミーティングであり、その週に訪問した会社が何社であったか、それがどこの会社であるか、そして各社への営業進捗状況を上司や課のメンバーに伝えることでした。

営業ヨミ表というフォーマットがあり、そこにA～Dランクまで（A～Cは営業の受注見込先、Dは訪問しただけ、他にアタック先の会社等）の企業名をそのランク順に記入し、報告していました。

もちろん、週末のミーティングだけではなく、毎日の営業先からの帰社後にも、上司や先輩に個別でその日の営業で進んだことや課題を報告し、相談していました。

「相談」は、営業して自分1人ではうまくいかないことを報告とともにしていました。

最初の頃の主な相談は、新規訪問の電話でのアポイントがなかなか取れないこと、営業訪問してもなかなか検討してもらえない（商談にならない）のでどうしたらよいか、少し話が進んだら企画書の書き方等であったと思います。

毎朝の朝礼でも、部全体と課の短時間のミーティングがあり、前日の報告とともに、連絡事項が伝えられました。

「報告」は、営業ミーティングや営業訪問の帰社後に、営業結果と経過を伝えること。「連絡」は、その他仕事に必要な事項を朝礼で伝える（聞く）ことという感じでした。

職場の「報連相」で大事なことは、上司・部下・メンバー間で、報連相の仕組みやルール、意味や意義が共通に認識されていることです。自分たちの職場の仕事での「報告」「連絡」「相談」は、何のために、何をどのようにすることなのか、みんなが共有していることが肝心なのです。

私の「報連相研修」の中では、報連相について次のように説明しています。

「報告」は、「指示依頼されたことについて、完了したらその指示依頼元に結果を伝えること、および担当業務について管理責任者である上司に状況を伝えること」。
「連絡」は、「仕事で必要な情報を必要な人に、必要なタイミングで伝えて共有化すること」。
「相談」は、「1人で困ったらアドバイスを貰うこと、および自分1人ではなく2人以上で仕事についてよりよい問題解決を図ること」。

研修参加者の多くは、言葉の説明としては理解・納得されて帰られます。が、大切なのは、その理解した意味を、研修後、職場に戻ってからメンバーに伝えて共有化し、かつ実践活用して、実際の報連相が前よりよくなるかどうかなのです。

リーダーである読者のみなさんも、本書を読んで意味を知って、理解しているだけでは効果はありません。あなたが理解したことを職場のメンバー全員が同じ意味の言葉として認識し、同じような行動を取れるようなレベルまで共有化されることが必要です。それがリーダーの責務です。

いい仕事ができる職場、高い成果を出す職場で必要なのは、単に日本語というレベルで通じる言葉ではなく、同じ仕事をする上で意味が通じ、同じ行動が取れるくらいまで「共通言語」が通じる職場になることです。

職場で意味が通じる「共通言語」になっているか

職場での「共通言語」の1つとして、その仕事（職種）の専門用語や業界用語、隠語などがあります。これもその仕事をしていくためには不可欠です。新人にはそれこそ最初に教えることですし、学ぶ言葉です。

そして、もう1つの「共通言語」が、この項で述べている仕事を進める上で意味・目的が通じ、大事だと思い、共通するなすべき行動につながる言葉です。

「報連相」のような仕事に直結する言葉も、その意味するところをまず職場での「共通言語」にすることが肝要で、これは会議も同じです。

前述した私の営業マン時代の営業ミーティングも会議の一種ですが、目的は明確です。営業目標達成のためです。そのため、現状を把握し、受注予測を正確に把握し、目標達成のために各営業担当者の問題解決を図っていたのです。報告と連絡（情報共有化）と相談（問題解決）のミーティングだったわけです。

各社での企業理念（経営理念）、使命・ビジョンも、共通認識されて、そのための共通の行動が取られるための「共通言語」なのです。

私の最初の会社では、「自ら機会をつくり出し、機会によって自らを変えよ」が仕事と行動の価値観の共通言語でした。私自身30歳でその社訓どおり、最初の会社を辞めて、新たなステップを歩み、その10年後独立して今の会社を始めました。

【スキル41】あなたは報告される人ですか「報告を受けるスキル」

完了報告

上司、リーダーであるあなたは、メンバーから「報告をよくされる人ですか」。（上司、リーダーではない方への質問は、上司に「報告をよくする人ですか」。）

さあ、あなたの回答は、いかがでしょうか。

もし、あまりされない（しない）という回答が出た場合には、どうしてなのか、そのままでよいのですかとお聞きしたいですね。

報連相もコミュニケーションですから、双方向の共有化のやり取りです。実は、報告の前に何らかの指示（または依頼）があるのです。その返しが報告です。そうなると、指示の段階で、報告することについて触れておくことで、報告される可能性が高まります。

例えば、「では、この件は○○までに終えるようお願いします。終わり次第、報告してくださいね」「この件、来週中に終えて、私に報告してくれる」等です。

先に、報告は、「指示・依頼されたことについて、完了したらその指示・依頼元に結果を伝えること、および担当業務について管理責任者である上司に状況を伝えること」と述べました。

さらに、報告についての説明をプラスすると、指示（依頼）された仕事は、その実施をしたことで完了ではなくて、指示（依頼）元に報告して初めて完了といえるのです。

つまり、報告は、してもしなくてもよいものではなく、「義務」（すべきこと）なのです。この意味を教えて、理解・納得を得ることができれば、報告されることが増えます。

部下が完了したら直ちに報告することで、上司は部下の仕事の結果や進捗状況、仕事ぶりが把握できるのです。

また、常に上司が部下の仕事状況を把握することで、部下の指導育成や改善事項、課題を把握して、次に必要な手を打てるのです。

中間報告

さらに言えば、報告は完了報告だけではありません。

中間報告という言葉があります。終了後だけではなく、中間（途中）でも報告をしたほうがいい、またはすべき場合があります。どんな場合でしょうか。

指示する側と、報告する側の両方の視点で考えて見ましょう。

① 長い期間を要する仕事の場合（上部組織や上の上司の方針や指示に変更があった場合、上司が指示を変更することに気づいていない場合等に必要）
② 途中で状況が変わった場合（外部環境の変化＝取引先や顧客の要望、実施条件の変化、実施する側に別な緊急の仕事が発生した等）
③ 終了の目途がついたときに（次の仕事の指示や準備が先にできる）

事前報告

もう1つ「事前報告」があります。この言葉は、あまり聞いたことがないかもしれませんね。

例えば、複数の仕事を頼まれて1度にスタートできない場合、最初の仕事がすべて終わる前に、2番目の仕事に取りかかるときに、「例のご依頼の2つ目の件、これから取り組みます。何か確認がありますか」ということで、依頼された時点から何らかの変更がないかを確認できます。

他には、依頼事項に取り組むに当たって計画を立てる（準備をする）必要があるとき、計画（準備）ができたときに、その報告と開始を伝えること等です。

【スキル42】 指示は職場の仕事の出発点「効果的な指示のスキル」

指示の意味・目的

報告は指示・依頼の返信であるということは、すでに理解されたことと思います。部下の報告がしっかりとされるためには、指示・依頼の段階でいつまでに報告をしてほしいかまでを伝えておく、それ以前に報告の意味をしっかりと伝えて「共通言語」にしておく必要があります。

この項では、そもそも「指示」の意味・目的とその効果的な指示のスキルを学んでいきます。

リーダーとして指示、依頼する場合、どのようなことに気をつけていますか。

「Fさん、昨日話していた例の件、きょうから取り組んで明日までにやっておいてくれないか。それと例のA社の件も、経理部のDさんに連絡してね。そうだ、昨日頼んでいた件について、直接部長に報告しておいてね。後、このセミナー資料の整理もね。A4用紙1枚に要約しておいて。よろしく！」。

まあ、このような指示をしている人は稀でしょうけれど、このような指示を受けた部下は大変ですね。どんな指示が適切なのかを考えて見ましょう。

まずは、指示もコミュニケーション、３つの視点から始めます。

１つ目は、「指示の意図・目的」の視点からです。

指示の本来の目的は、次の３つが考えられます。

① 職場で、メンバーに的確な業務遂行をしてもらうために（仕事の出発点）
② 職場の使命、目的を考えて、より効果的・効率的な業務が行われるために
③ 職場のメンバーの成長を図る（育成の）ために

この指示の３つの目的の①、②の２つを果たすためには、この仕事を誰にやってもらうかの役割分担、適切な配分を考えることが必要です。

また、③に関しては、職場での指導育成、ＯＪＴ（On the Job Training）は仕事の任せ方ともいえます。ただ業務をやってもらうのと、「相手視点」で相手の向上を考えた指示（任せ方）では、大きく異なります。

指示を仕事の出発点と広い意味で考えた場合には、個別の仕事の指示だけでなく、次のような仕事の指示の伝え方にはバリエーションがあります。

（ⅰ）命令（これやってください）上司の権限で必ずやるように伝える。受ける側は、強制力を感じる。

（ⅱ）依頼（お願いします）やってもらいたいことを頼み事として伝える。

（ⅲ）相談（考えてくれないか）一緒に考えてもらい、目的・目標を共有してやり方を任せる。

（ⅳ）募集（つのる）誰か、この件やってくれる人いないかな、誰ができそうかな。

（ⅴ）暗示（ほのめかす）これやっておいたほうがいいと思うけれど、これって大事だよね。

さらに、仕事の出発点として、上記の相談から発展して、部下の意見・提案の採用が考えられます。

（ⅵ）承認・委任（認めて任す）本人発の意見、提案を採用・承認して、本人に実施を任せる。

効果的な指示の実践ポイント

それでは、前に挙げた指示の例を踏まえながら、「効果的な指示のスキル」の実践ポイントを考えていきます。

① 指示を出す前に、目的・相手の視点で、かつ内容を共有化するためによく考えているか
・思いつくまま仕事を投げる、振る等をしていないか（目的思考と相手中心、自分本位は×です）。
② 任せる仕事そのものの目的や意義を伝えているか
・その仕事の目的・意味がよくわかる（通じる）と自分で考えることができる。

③目標（ゴール）と必要な場合には手段を具体的に（相手がわかるように）伝えているか
・必要な5W1Hを入れているか。
・手段（やり方）の指示をどこまでするかは、相手のレベル・状況に応じて異なる。
④　相手にとっての意味や本人にとってのメリットを伝えているか
・その人にやってもらう意味、理由や本人のメリットと期待（成長機会やチャレンジの機会）を伝えて、動機づけを図ること。
⑤　指示後のフォローも考え、実行しているか
・指示内容を共有化（メモ、業務進行表の活用）し、報告や相談の仕方についても伝えておく。
・進行中の声かけで状況把握と報告や相談しやすい状況づくりを行っておく。
丸投げ、放任は×。部下の「報連相」と効果的に結びつけます。

さあ、日頃のご自身の仕事の指示の仕方、仕事の任せ方と照らし合わせていかがでしょうか。

もちろん、すべての仕事の指示で前述のとおりとは言いません。あくまでもヒントです。

緊急時であれば、③と⑤がポイントでしょう。具体的な指示と結果報告を明確に伝えるのでいいわけです。新人への仕事の任せ方であれば、①〜⑤までのフルコースで考えていただいくと大いに結構なことです。

一番問題が多いと思われる指示の仕方（仕事の任せ方）は、どんな目的、どんな相手、どんな状

況でも、それらを考えずに全く同じやり方（自分の習慣的行動）でやっていることです。

【スキル43】職場の仕事のコミュニケーションは「指報連相が基本のスキル」

指報連相が仕事のコミュニケーションの基本

さて、本章の副題は、「職場の報連相（情報の共有化）を深めるために」です。

「報連相」は、普通に通じる言葉なので、そうしたのですが、本当のところ、私は「指報連相（指示・報告・連絡・相談）」が職場での仕事のコミュニケーションの基本だと考えています。言葉としては、「任報連相（任す・報告・連絡・相談）」でもいいかもしれません。

報連相という言葉からは、「上司が状況判断するために部下から、義務的または自発的に行われる情報伝達」というイメージにも受け取れます。

この「報連相」の提唱者と言われる山崎富治さん（元山種証券社長）は、上司から見るとイヤな情報や嬉しくないデータや改善すべき問題点を末端の社員からも容易に伝える（報連相できる）ことで、風通しのよい職場をつくるための手段としての報告・連絡・相談をすすめていたようです。

その意味では、「報連相」は、部下が努力して行うことではなく、経営管理する上司側が積極的にする取組みと言えるかもしれません。

報連相は、上司、部下のお互いがするものであり、組織の中で下から上だけではなく、上から下、横同士でも行われる仕事に必要な情報共有化のコミュニケーションとして捉えられます。

そうは言っても、実際には、「報告・連絡・相談」というだけでは、どうしても下から、または横同士というイメージなので、上から、上司・リーダーも行うべきものだ、双方向のコミュニケーションだという意味を明確にするためには、メインとして上司がすべき、「指示・仕事を任せる」ということも含めてセットとして考えようということで「指報連相」（「任報連相」）というわけです。

上司が部下に報連相をきちんとするようにと命令するような職場ではなく、全メンバーが一体となって、特に上司、リーダーは「指報連相」という考え方で自ら率先して行動していくことが必要です。

そして、「指報連相」は、個人のスキルではなく、職場メンバー全員の共有スキルとして、また職場の仕事を進める共通ルールや仕組み、場づくりを通してよい報連相（情報の共有化）を進めていくという考え方と方法を学び、自らの職場で実践できるようにしていく考え方なのです。

本書で述べている報連相についての考え方は、「真・報連相」（糸藤正士氏の提唱する報連相の体系）によるものです。本項の記述の一部は、私自身の考え方をプラスしています。

【スキル44】 発信は連絡ではない－伝達と共有化の違い「連絡は共有化するスキル」

連絡とは

前3項では、「報告・指示」について述べてきました。本項では、「連絡」について考えていきます。

既に「連絡」は、「仕事で必要な情報を必要な人に、必要なタイミングで伝えて共有化すること」と述べました。一言で言うと仕事に必要な情報の共有化です。

この定義づけの一文からわかることは、その仕事について情報が何で必要なのか（意味・目的）、誰に必要なのか（相手）、いつ必要なのか（タイミング）、どこまで・どのくらい必要なのか（情報内容の詳細、分量等）を考えて行うことが必要となります。それを考えずに、ただ伝達するだけだと、必要でない情報になりかねません。大事な意味が伝わらなかったり、必要でない人にまでメールを送ったり、既に終わった後に伝えたり等が起こってしまいます。

この「必要な情報」がキーポイントで、さらにもう1つのキーポイントが「共有化」です。

この共有化を別の言葉で表現すると「発信≠連絡」（発信は連絡ではありません）です。

例えば、上司の課長に言われたB君は、急いでFAXをしました。

課長「例の件、北海道支店のN支店長に連絡してくれた？」

B君「ハイ、連絡しました（…FAXしましたので）」

課長「そうか、まだ何も言ってこないが（…急ぎなのに）」

1時間後のこと。

B君「課長、北海道支店に電話しましたが、きょうは、N支店長、遠方に1泊で出張中だそうです」

課長「ばかも～ん、なぜすぐ確認しなかったんだ。それならS次長に連絡だ！」

いかがでしょうか。

「FAXで送った」は、発信したと言えますが、連絡する相手のN支店長にそれが届いて、受け取ってもらってはいませんでした（受信確認せず）。

連絡するとは、情報を共有化することですから、最低限相手が受信したのを確認して、連絡完了ということになるのです。

連絡したのに（メールしたのに、回覧したのに、朝礼で言ったのに）伝わっていなかったというのは、連絡が「情報の共有化」「発信≠連絡」という意味でしっかりと理解している立場からすると、そもそも連絡をしていなかったということになるのです。

同様に、伝えた、伝達という言葉も、本来の意味では相手に届いたということも含んでいますが、やや一方的な感じがします。

連絡は、共有化ということで、仕事上でいうと、「3つの通じる」の少なくとも2つ目の「意味・目的が通じている」というところまでは必要です。ただし、この場合は、連絡した相手の関心度や理解度（力）にまでかかわってきます。

この共有化ができているためには、【スキル20】「関心を持たせるスキル」、【スキル21】「メリットを感じさせるスキル」、【スキル22】「確認をするスキル」辺りの活用も大いに大切となります。

さらに、次項では、「共有化」について考えていきます。

【スキル45】 職場で仕事の情報共有化を図る「連絡（情報共有化）の実践スキル」

共有化のレベルが深まるヒント

さて、実際の職場での効果的な「連絡の実践スキル」、仕事の情報共有化が進み、共有化のレベルが深まる実践のヒントをお伝えします。

みなさんの職場で使われている連絡の情報ツール、手段、方法で具体的に考えながら、リーダーとして率先垂範でいいと思うことを行動に移してください。

① どんな連絡に対しても必ず反応、返答、返信をできる範囲で素早く行う
例：メールには素早く返信。返答に時間がかかる場合は、まず「受信したよ」の返信メールを送信。

② 発信で終わらず、基本は本人に直接確認
例：メール・ＦＡＸには、プラス電話、伝言も後で確認。

③ 必要に応じて口頭での連絡にプラス文書メモの二刀流で共有する

④ 連絡に対しては必ずＯＫメッセージを返す（感謝、役立ったよ、助かるよ、またお願いね）

⑤ 悪い情報や気になったことほど、またお客様関連情報など早く伝えて共有化すること

⑥ 朝の挨拶から始まって、どこにいて何をしているかを必ず周囲に伝えておくこと

⑦ 必要に応じて速報（要約・要旨）と具体詳細報に分けて２段階で伝えること

さあ、以上の中で少しでも意識したり、実践したりしていたことはありますか。早速、1つ選んで実行してみてください。

【スキル46】理解・納得・合意・共有化の違いは―「共有化と合意のスキル」

共有化の類語

連絡は、「仕事に必要な情報の共有化」ということはすでに何度か述べてきました。

本項では、この「共有化」に近い言葉のいくつかを、その意味を一緒に考えながら、それこそ職場での情報の共有化を深めるヒントを学んでいきます。さらに、合意をつくるスキルも一緒に学びます。

みなさん、「共有化」の類語としては、どんな言葉が思い浮かびますか。「知る」「わかる」「理解する」「納得する」「合意する」といったところでしょうか…。

「知る」は、(見て、聞いて、読んで) 知っているというように、その情報内容を知覚 (認知) したというレベルです。

「わかる」と「理解する」は、知るよりも1歩進んだ感じがします。わかると理解するは、ほぼ同じ意味の言葉とされます。ということで、本項では、「理解する」「納得する」「合意する」と「共有化 (する)」との順番で考えていきます。

「理解する」とは、伝えられたこと (見知ったこと、聞いたこと、読んだこと) の内容を論理的な判断基準やこれまでの経験知などから、その内容についての道筋や関係などがわかることといえます。因果関係や相関関係、論理的な帰結が客観的にみて、そうだろうと思えることです。また、そのことについての目的や意味、理由や根拠も妥当だとわかるということも含みます。

「納得する」は、「わかった、理解した」の次に来るものと考えます。「言っていることは理解したけれど、私は納得できない」とは言えますが、その逆は、ほとんど使われないからです。

理解するとの違いは、客観的にわかるだけではなく、自分事として腑に落ちる、自分としてもそう考えることが妥当であり、そう判断し、行動するかもしれないということです。

「合意する」は、これまで理解し、納得した結果として、最終的に自分も同じ意見を採用する、同じ判断をするということになります。

さて、それでは「共有化（する）」とは、これまでの「理解する」「納得する」「合意する」とどう違うのでしょうか。

共有化に必要なのは

「共有化する」は、その意味内容をお互いが同じように理解しているかどうか、何が違っているかをわかり合うということです。つまり、意見が違っていても、どうして違うのかその理由を共有することはできます。片方が納得できていないことについても、なぜ納得できていないかについて理由・背景を共有化することはできます。

傾聴は、共有化の入口です。もちろん、これは受信側の行為ですから、発信側で言えば相手がわかるように伝えることです。そして、質問することが共有化を深めます。まだ自分が知らないこと、事実やデータ、根拠を聞くこと、相手の言っていることで理解できないことを質問して、その意味や判断や経緯をわかること、そして、お互いの理解したことを確認することです。

これで共有化される部分が増えてきます。

共有化に必要なのは、「傾聴、質問、確認」です。それは対話のコミュニケーションを通してよりよく成し遂げることができます。議論においても、双方が一方的な主張で終わらず、相手が話しているときには、傾聴してよく理解し、質問してさらに納得をして、その上で意見を言うことです。意見を言ったら、今度は相手の理解を確認することです。つまり質問をします。

さて、共有化を深めるスキルとは、何のことはないここで述べた「傾聴、質問、確認」をすることです。それをお互いが共有化できる（し合う）関係や状態、環境をつくることです。これはまさにリーダーのなすべき仕事なのです。

リーダーは、経験と知識、能力があるのだから、自分の正しい意見を主張して、納得させることだ！　ではなく。リーダーは、自分の意見は自分でよくわかっているのだから、まだわかっていない他者（メンバー）の意見に耳を傾けることが大切なのです。

その上で、理解し、納得したら、共有して、お互いの合意できる部分、できない部分を明確にして（共有化して）、結論を導くのです。

共有化を深める職場づくりのための実践のヒント

共有化を深める職場づくりのための極めて具体的な実践のヒントをお伝えします。

① メンバーがお互いの違いではなく共通点（共通の特徴、共通の状況、他なんでも）を探して、それを口に出して確かめ合うこと（今朝はいい天気だね！　昨日はみんな残業で大変だったね！）

② メンバーが共通認識して同じ行動をとること（例えば、朝元気で明るい声で「おはよう」と言う）

③ チームでの共通言語をつくり、増やし、大いに使うこと。そして、その行為を承認、称賛すること（例えば、「話は短く」伝えよう！　短い話には「いいね！」を言う）

④ 常にＯＫメッセージが飛び交う職場にすること（【スキル30】参照）

⑤ チーム全員で共通のルール、参画する場をつくり、全員の理解、納得、合意で促進すること

会議で合意をつくるスキルの実践ポイント

ここで、会議やミーティングで「合意をつくるスキル」の実践ポイントを挙げます。

① 会議の最初に目的を確認して、その共有化をすること

② 意見は、必ずそう判断した理由・根拠、データを明確にして、共有化すること
③ 結論（合意事項）を出すときにどの立場に立つか、その共有化を図ること
④ 合意を取る際には、共有化した目的と立場から判断することを確認すること
⑤ 全面的な合意ができない場合には、部分的な合意を取り、そこから取組みをスタートすること

以上を必ず「傾聴、質問、確認、振返り」のコミュニケーションスキルを活用して行うこと。

参考までに質問例を挙げておきます（図表13参照）。

【図表13　会議・ミーティングで「合意・共有化を促進するための質問リスト」】

・問題についてどんな点が明確になりましたか
・わかったことは何ですか。ハッキリしてきたことは何ですか。
・これまでのミーティング（話合い）を通して、問題について見えてきたことは何ですか。
・それぞれの立場で一致している（共通の）ものは何ですか。
・他メンバーの意見（結論）についてどの点は同意できますか。
・問題の一番の本質は何だと思いますか。なぜそれが一番の本質だと思ったのですか。
・この結論（案）について何がわかったら同意できますか。同意できることは何ですか。

【スキル47】人の頭を使おう―相談活用力「相談の本質はシナジーのスキル」

相談活用力とは

さて、「相談」は、「1人で困ったらアドバイスを貰うこと、および自分1人ではなく、2人以上で仕事についてよりよい問題解決を図ること」とお伝えしました。

本項では、定義の後半「自分1人ではなく2人以上で仕事についてよりよい問題解決を図ること」についての理解を深め、その職場での実践を考えていきます。

「相談の本質はシナジー」というのも、「真・報連相」の考え方からですが、この言葉が意味しているのが「2人以上でお互いの知恵や強みを出し合ってよりよい問題解決を図ること」です。

私自身の体験談をお伝えします。私が最初の会社にいた9年間で、直属上司は15名にのぼりました。何と異動の激しい会社だったかが、これでわかりますね。

その中で2回上司（2回目のときは、上司の上司でしたが）になったSさんの話です。Sさんは、その事業部のトップ営業マンに何度もなり、昇進して課長、部長になってもその担当する課や部はほとんど目標を達成していました。

そのS部長のよく言っていた言葉は、「できないことはない！」でした。

これだけ見ると根性論のようですが、その後には次の言葉が続きました。

「実は、できない理由は３つある。１つ目は、今までのやり方ではできない、２つ目は、今すぐにはできない、３つ目は、自分1人ではできない、この３つだ」。

「この３つに対して、１つ目に対しては、やり方を変えてできる方法を見つけること、２つ目に対しては、時間をかけるかタイミングを探して手を打つこと、３つ目に対しては、できる人から協力を得ること、をすればよい」。

「だから、できないことはない！」と言う論法です。

「なるほど」と思いました。が、その会社にいたときは、すべてを実践して、「できないことはない」と言い切れるまでにはいきませんでした。しかし、物事を成し遂げるために役立つと学んだ言葉です。

すでに、読者の皆さまはお気づきのように、この３つ目の「できる人からの協力」を得るための具体的手段が「相談」なのです。

ところで、「相談」と「報告」の違いは何でしょうか。

「報告」は、全くしないとどうなりますか。普通は、叱られます。あるいは、困ったやつだと思われます。既にお伝えしたように、「報告」は「義務」（すべきこと）と言えるからです。

それに対して「相談」は、全くしないからといって怒られることはあまりありません。いちいち相談せずに仕事が進んでいれば、何も文句を言われることはありません。

つまり、「相談」は、自らがするかしないか決めることなのです。自発的コミュニケーションといえます。

仕事について困ったとき、あるいは新しい状況や取組みでどうしたらいいかわからないとき、自分のアイデアや意見、提案したいことがあるがこれでうまくいくだろうかと思うときに、「2人以上でお互いの知恵や強みを出し合って、よりよい問題解決を図ること」が「相談」です。

相談をする人が、相談に乗ってもらい、メリットを得ることを「相談活用力」とします。

この相談活用力に必要なコミュニケーションの基本は、すでに述べてきた「伝える力」であり、「傾聴力」と「質問力」の3つです。

相談する側のスキルと基本手順

次に、相談する側の実践スキルと基本手順をまとめてみました。

●相談前

(1)　相談事の整理と明確化

相談事（困った?!　どうしたらいい?!　うまくいかない?!）発生、これは自分1人で考えないで相談しようと思った。

相談事の内容を次の3つの質問で整理する（自問自答）。

①　何のために・求めているのは何か（相談の目的・目標の明確化）
②　今はどうなっているのか。何がわかっているのか、何がわからないのか。できていること（進んでいること）は何か、できていないことは何か
③　誰に相談したらいいのか（今は誰に相談できるか、適切な相談相手は誰か）

●相談時

⑵　相手の状況を確認：「今、お時間いいですか」「相談したいのですが、お時間いただけますか」と了解を得る。
⑶　相談事を一言で伝える：「□□のことでわからないことがありまして…」「○○の件で、困っているのですが…」「◇◇のことで相談したいのですが…」と相談事、相談案件を伝える。
⑷　相談する相手に必要な情報を詳しく伝える（現状・起こったこと、自分の不明点や考え等）：「この点がうまくいかないのです」「お客様が怒っていまして、なぜかと言いますと…」。
⑸　質問・確認する（相談相手の理解を確認したり、質問する・質問に答える）
⑹　相談相手の話を傾聴する（相談相手からのアドバイスや意見を聴く、不明点は質問する）
⑺　結論を述べ、感謝を伝える：「わかりました。まずは、○○をしてみます」「いいアドバイスを貰いました。早速○○から始めてみます」「相談してよかったです。ありがとうございました」
リーダーとしては、既にこのように相談をしていることと思います。今度はメンバーがこのよう

に相談できるように対応しながら、必要であれば相談の仕方も教える（フィードバック、アドバイスする）のです。

【スキル48】 相談していますか、されていますか－相談対応力①「相談される人になるスキル」

相談したことや相談されたことがない

まず、日頃の職場の相談について、振り返ってみましょう。

次の質問に答えて見てください。

「最近した相談は何ですか」「最近相談されたことは何ですか」。

さて、あなたの答はどうでした。相談したことや相談されたことがかなりあるという回答をされたら、問題はありません。逆に、ほとんど相談していないし、また全く相談もされていないという回答でしたら、現状を少し考え直したほうがいいかも知れません。

なぜかと言うと、次の３つの問題が考えられるからです。

１つ目は、職場の部下、後輩が上司や先輩、同僚と相談できる人がいないのでできない。２つ目に、相談相手に「相談」しても、成果が得られないのでしない。３つ目には、そもそも相談することがない、何を相談するものなのかがわからないのでしない。

１つ目は、相談相手との信頼関係がない、または相談できる人がいないという問題です。仕事をしていると、自分１人ではわからないことやもっとよい方法がないかなと考えたりすることもあります。

ところが、相談しようとしてもなかなか言い出せない、聞いてくれそうもないと感じて、気軽に相談できる相手が見当たらないということです。

みんなが、忙しそうにしていて時間を取ってくれる余裕もない、人のことに構ってくれない雰囲気の職場である、ということもあるのかもしれません。

２つ目は、相談をすることはできる、話も聞いてくれる、けれども相談した結果が期待することではなく、相談する甲斐がないという問題です。

結果として、だんだん相談しなくなり、相談されることも少なくなります。

３つ目は、相談するということ自体をあまり考えたことがない、また何を相談したらいいのかわからないという問題です。

メンバーに問題意識や改善意識がなく、相談する気がない、相談する必要性を感じないという状況です。

さて、相談をしない、相談をされない状況での「相談」を取り巻く３つの問題を読んでみて、どんなことを感じましたか。

前項では、「相談をする人＝相談活用力」を考えましたが、これからは、本書の読者であるリーダーのみなさんに、非常に大切な「相談を受ける人＝相談対応力」について考えます。

相談される人はどんな人

相談が来た場面での対応力の前に、「相談される人になる」について考えていきましょう。

まず、コミュニケーションの３つの視点の「相手中心」です。相談する側に立場になって考えます。みなさんが相談する側になってみて、どんな人でしたら相談しやすいでしょう。相談する気になる相手（上司・リーダー）はどんな人ですか。

① まずは、話を聞いてくれる人。

② そして、聞くだけではなく、よく理解してくれて、自分の言うことをわかってくれる人。

③ その上で求めている答（アドバイス、ヒント）を与えてくれる人。

以上でよろしいでしょうか。基本は、この３つとなります。

新人の営業マンの相談の体験談（相談対応に質問は不可欠）

先に、私が最初の会社の９年間で15人の上司の下で働いた話はしました。その会社で、まだ新人のときに、上司か先輩に相談したときの話です。

私　「Hさん、ちょっと相談なんですが、いいですか」

Hさん「いいよ、五十嵐どんなことだい?」
私「実は、なかなか新規の電話アポイントが取れないのです。どうしたらいいのかと思って…」
Hさん「どのくらい、取れているんだ?」
私「20件かけて1件取れればいいくらいです」
Hさん「そうか、それでどうしたらいいと思っているんだ?」
私「(それはこっちが聞きたいことです…)いや、もっとかけ続ければいいのですかね」
Hさん「アポが取れたときは、どんな具合だった?」
私「え〜と、そうだ。この前は、なかなか取れないので少しやけになって、大きな声で元気よく挨拶した後、すぐに『研修の件でご挨拶にお伺いしたいのですが、来週の月曜か火曜日はお時間いただけませんか!』と言ったら、『来週前半はダメだな』と言われたので、『では、木か金の午前か午後では?』とすぐ続けたら、『木曜の午後ならいいよ』って取れました」
Hさん「何がよかったと思う?」
私「そうですね、気合を入れたのもありますが、話を短くして、とにかくお時間をいただきたい、と言い切ったのがよかったのかもしれません」
Hさん「他には?」
私「そう言えば、営業の新人研修で、『電話アポはお時間を取ってもらうのが目的だから、挨拶と用件を伝えたら、とにかく空いている時間を聞いてお願いすることだ』と習ったことを思い出しました。最近、間を空けると切られるのが怖くて、しゃべりすぎていました」

Hさん「で、これからどうする?」

私「元気よく挨拶して社名・氏名と用件を伝えて、ご訪問のお時間をいただきたい、と端的に言います。もし、近々では都合が悪いと言われたら、いつ頃ならよろしいかと聞いて、先であれば、その頃に改めてお電話します、と言って御礼を伝えて電話を終え、メモしておいて、そのときになったら、またかけます」

Hさん「いいね、頑張ってね!」

私の相談に対して、先輩がこのような対応したことを覚えています。

いかがでしたでしょうか。H先輩の言ったセリフを見直してみてください。最後の「頑張ってね」以外はすべて質問です。先輩からのアドバイスは一切ありませんでした。

既にお気づきのように、Hさんの対応は、第3章を中心にお伝えしたように「コーチング」の質問です。

もちろん、この例のように最後まで質問ということでは結論が出ず、終わらない場合もあり、後半はアドバイスをもらうこともありました。

すべての相談が、「コーチング」(質問)で済むわけでもありません。「ティーチング」、そして「アドバイジング（アドバイスをすること）」も必要です。

【スキル49】　相手の求めるものに応える－相談対応力②「相談に応えるスキル」

相談の対応力に必要な基本のスキルは、コーチングの８つのコミュニケーションスキル（106頁）にすべて含まれています。

特に、８つのスキルの中でも①観察する、②傾聴する、④承認する、⑤質問する、⑥伝える、⑧確認するの６つを活用することで、部下の相談に応えることができます。

部下からの相談に応えることができるとは、どういうことでしょうか。もちろん、相手の求めていることや期待に応えた結果を出すことです。そして、もう1つ、上司・リーダーとしての意図・目的にも見合った結果を出すことでもあります。

部下からの相談

職場での部下からの相談には、次の４つのレベルの相談があります。

① 知らないことを聞く相談：この相談は、新人や中途入社、異動してきた人などが、仕事でまだ知らない専門用語や、知識・技能についての質問の相談です。

この相談に対しては、すぐに回答して、確認して、知って、わかってもらう。

② どうしましょうか相談：この相談は、仕事の中でどうしたらいいのかわからない、またはうま

くいかないときにアドバイスを求める相談です。

この相談に対しては、基本的には教える、助言するとなります。ただし、同じことについて何度も来るとか、全く考えていない場合には、それだけでは十分ではなく、質問して考えさせることが必要になるかもしれません。

③　こうしましょうか相談：この相談は、こうしたらいいという自分の意見を持っていて、確認するため（先に承認してもらう）ための相談です。

時には100％までの自信はないので、何らかのアドバイスを期待していることもあるでしょう。この相談に対しては、質問してさらにその意見を高める、またプラスαのアドバイスをすることになります。

④　もっとこうしたらいいのでは相談：この相談は、③のこうしましょうか相談がもっと進んだ段階です。

③の相談が本人自身の仕事についての範囲だとして、この④は仕事の範囲でもこれまでとは違う仕事の進め方の提案であったり、さらには職場や部門の仕事についての問題提起や提言的な相談という内容です。

次頁の図表14の相談の進め方（ステップ）は、前述の4つの相談の中で②～③の相談への基本的な対応の仕方を示しています。

【図表14　「相談対応力」の6つのスキルの活用】

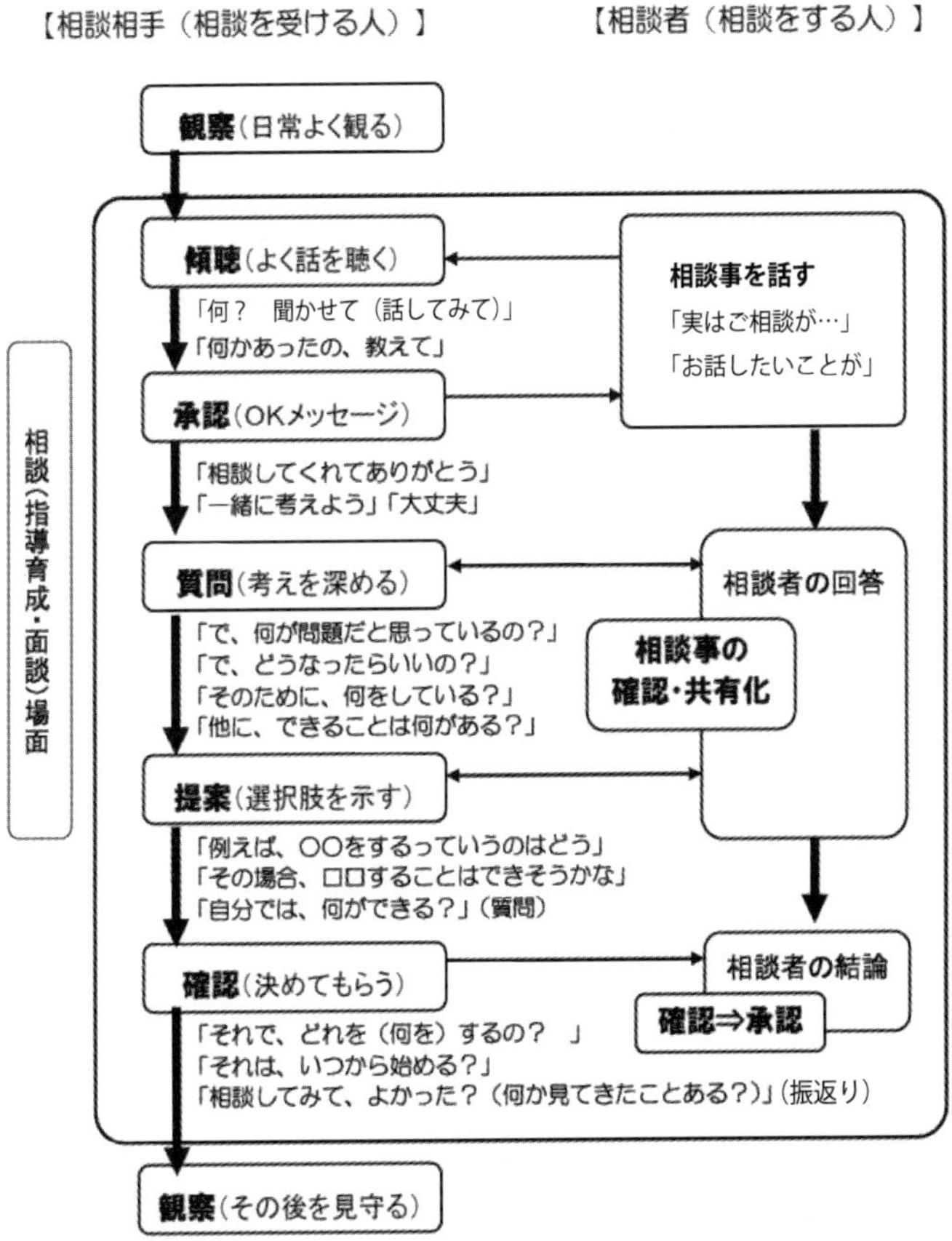

６つのスキルの内容については、これまでの章で学んできたことなので、詳述はしません。主には「ティーチング（教示する）」と「コーチング（質問）」の活用であり、相談事の内容や相手に合わせて進めていってください。

実際の職場で部下に応じた相談ができるためには、相談場面での対応だけではなく、最初と最後にある「観察」が非常に重要です。

【スキル50】　悩み事相談への対応「悩み事相談対応スキル」

悩み事相談の対応

さて、前項【スキル49】で述べた４つのレベルの相談とは別の５つ目の相談「悩み事相談」の対応を考えていきましょう。

「悩み事相談」の内容は、仕事の知識・スキルや進め方の相談事以外の１人で悩んでいること何でもです。仕事や職場に関係すること以外で個人的なこと、自分自身に関することや将来のこと等もあるでしょう。中には、仕事や職場とも関係するメンタルの問題もあります。

このような仕事以外の相談の相手は、誰でもいいわけではなく、相談するほうとしてもなかなか相談しづらい内容の場合もあります。

また、相談を受けたほうも、仕事の知識経験だけでは答えられないものも多く、対応に苦慮します。とはいえ、そのような悩み事の相談を受けた場合には、相談者が選んで頼ってきてくれたのですから、できるだけ応えることが必要でしょう。

悩み相談の基本は、「カウンセリング」【スキル５】【スキル11】で学んだ「積極的傾聴」です。すぐにアドバイスや意見を述べるのではなく、相手の立場に立って、相手に共感しながら、相手の気持ちや考え方を受容することです。

次に、「効果的な質問」をすることです。悩み事の場合には、すぐに解決を進めるよりも、相談してきた相手が自分自身の気持ちや考えを眺め直したり、深めたり、整理するための質問をします。早急な結論を出すより、どうしたいかという方向性や解決の糸口を見つけることが一番大切です。

リファー（紹介）

悩み事の具体的な問題内容によっては、相談を受けた人自身の経験・知識情報で対応できない場合があります。その場合には、その相談事についての適切な相談相手や専門家に相談するようにすすめることも必要です。

このように、他に相談する相手を紹介する、または他の人に相談をすすめることをカウンセリング用語では「リファー」といいます。

相談事の核心がメンタルなものであれば、専門の臨床カウンセラーや精神科の医師、法律問題であれば司法書士や弁護士等です。

自分以外の人を紹介するときには、最終的には相談してきた人本人が、紹介相手へ相談するかどうかを決めることになります。押しつけになってはいけません。

一方、具体的に知っている人を紹介する場合には、必要に応じて紹介する人へ事前の確認や状況や情報を伝えることもしたほうがいいでしょう。その場合には、相談者（相談してきた人）に了解を得ておくなどの対応も必要です。

最近は、会社や各自治体でも、このような専門家による相談の体制を整えているところも多くなってきています。管理者やリーダーは、このような各分野の専門家や相談事にふさわしい相談対応のできる人を紹介するためには、日頃から相談できる人のネットワークをつくっておくことも必要です。

専門的な相談相手のつながりがない場合、または適切な相談相手が思い浮かばない場合には、自分よりも顔の広い人や経験のある人に、「その相談事についての適切な相談相手を知らないか」という相談、つまり相談相手を紹介してもらう相談をしてみましょう。

【スキル51】　相談力の高い職場をつくろう「相談力が高い職場づくりのスキル」

職場の相談力

これまで述べてきた個人の相談力、つまり「相談活用力」（主に相談者が相談を活用して、自らの課題解決を進める）と「相談対応力」（相談相手が、相談者に適切な支援や解決へ導く力）の両方で職場メンバーがレベルアップすると、職場の相談力が高くなってくるといえます。

しかし、個々人の相談力を高めるためには、職場で相談がしやすい「関係性」、日常の「報告・連絡」が十分なされていること、それと同時に「相互理解」や「職場目標の共有」ができていること等が必要です。

前述した私の上司だったS氏には、「3つのできないことはない」だけではなく、もう1つ印象深いエピソードがあります。それは、多数の部下を抱える身であったこともあり、「相談対応力」も十分ありましたが、それ以上に「相談活用力」も高かったのです。

S氏の「相談活用力」とは、自分のわからないことや自分と違う立場の意見を聞きたい人には、誰にでも相談して、素直に聞くことです。

例えば、自分のメンバー、つまり部下にも遠慮なく、素直に、知らないことについて、「これってどういうこと？」と尋ね、素晴らしい成果を出した人には、「へーっ、スゴイね。どうしてそれができたの、教えて？」と言う感じです。部下に質問、相談できる上司、まさに率先垂範して相談できる職場をつくっていると言えませんか。

以上のように、職場で相談がしやすく、かつその相談が効果的であり、その相談の実践を通して職場全体の課題解決が進み、さらに結果もよくなる力、それが「職場の相談力」です。

職場の相談力向上のポイント

そのために必要な実践ポイント（具体的なあり方・状態や職場のリーダー・メンバーの具体行動）を図表15に挙げます。職場の相談力のチェック項目であり、また具体行動の実践目標（具体策）そのものでもあります。現状を振り返り、できるところから前進させていきましょう。

【図表15　職場の相談力の向上の実践ポイント】

- □①　毎朝、お互いに元気で明るい挨拶をしている
- □②　いいことや成果を口に出して認め合い、ほめ合っている
- □③　挨拶だけではなく、お互いに関心を持って、常に声をかけ合っている
- □④　協力や支援を受けたりしたら、お互いが「ありがとう」と感謝の言葉を口にしている
- □⑤　職場での指示、報告や連絡、会議での発言には、お互い耳を傾けて聴いている
- □⑥　わからないことや不明点は、お互いがすぐに確認、質問している
- □⑦　職場では、仕事の指示や依頼に対して完了の報告がしっかりとできている
- □⑧　相談された人が適切に対応できない場合に、他のメンバーが支援や協力をしている
- □⑨　職場では、お互いの情報共有化の機会・場（打合せ、ミーティング）が設けられている
- □⑩　相談（報告・連絡）のよくないメンバーにも寛容な態度で接し、支援している

第6章　メンバーのモチベーションを高める職場づくり7つのスキル（方法）

―職場の風土とチーム力を高め「自分で考え、行動する人」を増やす

第6章では、メンバーの仕事へのモチベーションを個人の問題としてではなく、職場の雰囲気、チーム力をキーにして、どうして高めていくかを考えていきます。

これまでの各章で学んだリーダーとしてのスキルを実際の職場で実践していった私の研修参加者からの「相談」を取り上げ、その回答の形で、実際に効果があり、実践して前進したヒントやアドバイスをお伝えします。スキルの実践編（各スキルの実践活用方法）です。

【スキル52】「問題意識や目的・目標をメンバーと共有化するための方法」

相談（質問）

職場で新たに取り組む業務についての目的・目標を理解してもらおうと思って説明しても、それに対して質問や意見が少ない状況で、話が弾まない、また理解も進まない。このような場合には、どのようなコミュニケーションをすればいいのでしょうか。

回答

これまで学んだことを基にして、職場のメンバーと「問題意識や目的・意味の共有化」を進めるコミュニケーションで大事なポイントを掲げます。理解・納得できたものがあれば、早速活用してみてください。

相手に伝える（話合い、面談など）前に、まず次の3つの視点で考えておくことが必要です。

① 説明や対話の「目的」

今回の話合いで、何を実現することを目的としているのかハッキリさせましょう。最低限理解・納得してもらうことは何かと重点を決めることが必要です。

話す内容についての理解をしてもらうのか、問題についての共通認識（意識）を持ってもらうのか、問題に取り組もうというヤル気になってもらうのか等、対話する「目的・意図」を明確に認識することが肝要です。

②　相手の立場・視点の把握

話をする相手は、話す内容に関して、どんな見方や意見・希望を持っているだろうかということを事前に把握（予想）しておくことです。相手の立場に立って考えておくということです。

この話が、相手にとっては、不利益なのか、面倒な話なのか等です。相手にとってマイナスならば、なぜそれでもこれをしなくてはならないのかを相手が納得できるような材料・理由を考えておく、また相手にとって見方を変えればプラスの点もあることを考えておくなどです。

相手は、自分たちのことをよく考えてくれているんだ、配慮してくれているんだと思えば、進んで理解・協力してくれるものです。

③　自己の強み・特性・意識の振返り

話をする際に。自分の強みや特性を活かすこと、また弱みはカバーすることです。

説明をするのが上手な人は、相手が聞いてくれる気になったときにそれを発揮すれば効果的です。しかし、聞く気がない、嫌々の気持ちのときには、いくら説明を上手くしても通じません。

まずは、目的や意味、メリットを伝えて、相手がそれにどう思うかをよく聴く（傾聴する）ことです。反対意見でも何でも構わないから、言ってくれという気持ちです。

話を聴くのはうまいが説明が不得意であれば、見てわかるような図解や簡潔な説明文書を持って、目的だけ話して、簡潔な説明をし、その資料を見せて、「疑問点や感想なんでも教えてください」と言って相手が話すまでじっと待つ、または質問をしてみることです。

以上の3つを考慮した上で、どのように話すのかのやり方を考え、実施する（話す）ことです。

【スキル53】「相手にとってネガティブな話を聞いてもらう方法」

相談（質問）

職場で新たな課題に取り組む際に、今までの仕事のやり方を変えていくことや担当替えなどで、仕事の役割の拡大や新しい仕事に取り組むために短期的には負担や困難な面があるメンバーは、否定的にとらえてしまいます。そのようなメンバーに積極的に取り組んでもらうためにはどのようにしていったらいいのでしょうか。

回答

まず、その新たな取組みがなぜ必要なのかという目的・意図を伝えて、考え方を共有化することが必要となります。

前項【スキル52】の②相手の立場・視点とも一部重なりますが、すぐに内容に入る前に、相手の立場・考え方を理解して、共有化できる目的や基本的な考え方を伝えることが効果的です。

今回の場合には、次の5つのポイントから考えてみてはいかがでしょうか。

①「自分だけよし」から、「自分もよし、相手もよし」の姿勢でいこう

組織の中で、私たちは、いつ担当が替わるとも限りません。そうした際に、今の担当は比較的楽でよくても、他の担当は忙しくて大変では困ります。自分の担当業務がよくても、他にしわ寄せや負担がかかっていて、いつそこに替わるかもしれません。また、自分のことだけを考えてやっていると、必要なときに他の人が協力してくれません。

どちらにしても、同じ職場・グループ内での協力体制やチームワークができていないと、よい仕事ができないし、お互い大変になることをよく話して、そのために取り組むのだという共通のベースをつくることです。

②　相手の感じていることや思っていることを傾聴することから始める

相手にこちらの説明や話したいことを言う前に、そのテーマや課題について、または間接的なことでも相手が思っていることについてよく聴くことです。そのためには、質問の仕方が大事です。【スキル31】のコーチングの基本の質問でお伝えした「拡大質問」と「限定質問」のテクニックを活用します。

拡大質問は、何でも自由に意見を言える質問。例えば、「今の仕事の忙しさについてどう思っていますか」「業務のマルチタスク化についてどう思う？」。

限定質問は、限定的に訊く、ＹＥＳ・ＮＯで答えられる質問。例えば、「今の仕事は忙しい？」「業

務のマルチタスク化は賛成、反対?」というような訊き方です。

答えるほうは、比較的簡単です。この限定質問と拡大質問は、組み合わせて聞くと、相手の答えをうまく引き出すことができる場合が多くあります。

具体的には、次のような展開になります。

・「今の仕事は忙しい?』↓「ハイ、もう大変です」↓「どうしたら忙しくなくすることができると思う?」「そのことで、何か私(上司)に要望することがあるかい?」

・「業務のマルチタスク化は賛成、反対?」↓「私は反対です」↓「なぜ反対なのかな、その理由はどんなことですか」「どんな場合には賛成できる?」

③ 会議やミーティングで全員と話す前に個別に対話をしてみる

その際には、みんなの前では出ないだろうと思われる、自分(上司)に反対の意見や否定的な意見、グチ・不平・不満もできる限り聴きます。何を言っても受け入れるという姿勢と態度が聴く側に必要です。

具体的には、決して否定しない。相槌は、「なるほど」「○○さんは、そう思うんだね」と、まずは受け止める。「そうかな?」「それはないでしょ」「そういってもね」等は決して言わない。

④ 相手によってはこちらの考え(意図や本心)を見せないと意見を言わないという人もいるので、そのような人にはこちらの考えをきちんと伝える

具体的には、「○○さんには、この件でぜひ力を貸してもらいたいと思っているので、私の考えを理解してもらって、その上で意見を聞かせてほしいのだけれどいいかい？」「では、まず3分くらい話を聞いてもらえるかな？」と相手の了解を得た上で、こちらの話をする。

もし、こちらの話が終わらないうちに、相手が何か言ってきたら、前項④の傾聴の相槌に切り替えて、相手の言いたいことを聴くモードに入る。そして、その意見に否定も肯定もしないで、相手の言いたいことを確認して、「○○さんは、この件では□□という意見をもっているのだね。そういう理解でいいかな」と確認して、それから「○○さんの考えはよくわかった。今度は、私の考えを聞いてくれるかな」と言って、それから意見を言う（【スキル5】「人は聞いてくれる人の話を聞く」参照）。

⑤　相手の質問や疑問に対しては必ず確認して答えを伝える

話している中で、部下からの質問や疑問・要望で、答えにくい問題や自分ですべて解決できないこと、応えられないことも出てくるかもしれません。

それに対しても、ごまかしたり、知らないふりをすることなく、1つひとつにきちんと対応することです。

すぐに答えを出せないことについては、後で調べて（検討して）答えると伝え、要望に応えられないときには、できないという答とその理由を明確に伝えることです。

【スキル54】「職場内での信頼関係をつくり、深める方法」

相談（質問）

職場のコミュニケーションを円滑にするためには、まず、相手（部下）との関係をよくしておくことが必要なのはよくわかりましたが、関係が疎遠な人、さらに関係を深めたい人にはどんなことをしていけばいいのでしょうか。

回答

まず、具体的な行動のヒントを7つ挙げます。

① 挨拶、声かけ（朝だけではなく、帰りも「お疲れさま、お先に失礼」）
② 意見をよく聴く（考えや意見に耳を傾ける。○○さんに意見を聞かせて）
③ いい点を見つけてすぐほめる（具体的なことを事実に基づいて）
④ 名前を呼ぶ、名前を入れて話す（○○さんはどう思う。○○さんの意見は□□だよね）
⑤ 相手の態度や行動に感謝を表す（いつもすぐ報告してくれてありがとう。意見を言ってくれて助かるよ）
⑥ 日頃からメンバーの様子をよく観る（朝の挨拶のときの顔・表情、報告や連絡のときの態度）
⑦ 前項⑥で何か気になることがあったら、短くても時間を取って話を聞く、確認する（話が合わ

ないとき、気になる態度、職場での口論、元気がなさそう等）

既にやっていることは、いくつありましたか。まず、これまでやっていないことで、すぐできることから始め、取組みを継続していってみてはいかがでしょうか。

そして、効果が出れば続け、また、あまり前進がみられなければ違うことをしてみましょう。ぜひ、ご自身の工夫もプラスしてみてください。

【スキル55】「個性や考え方の違う部下とのコミュニケーションをとるための方法」

質問（相談）

職場のメンバーは、それぞれ個性や考え方が違い、同じことを言ってもよくわかってくれるメンバーとそうでもないメンバーが出てきます。何にでも否定的なメンバーもいます。そのような多様なメンバーとどのようにしてコミュニケーションをとっていけばいいのでしょうか。

回答

人それぞれには個性があり、それぞれ個性の違う相手に対応した効果的なコミュニケーションはあると思います。しかし、個性に合わせることは、そう簡単ではありません。

私は、研修で、相手の立場に立って考え、相手に合ったコミュニケーションをとることと言っています。

ここでいう立場とは、相手の希望・目標・利益（相手が自分にとって得と思っていること）等です。

業務が忙しい中では、相手（メンバー）は、できるだけ自分の業務を増やさず、早く終えたいと思っているかもしれません。そうすると、他の人のことを考えるよりは、自分の仕事を終えることのみに意識が行きます。また、人によっては、自分の経験によるこれまでの仕事の進め方を維持して、新しいやり方を受け付けない（できない）と思っている人もいます。

まずは、そのような意識や考え方を否定しないで受け止めることです（これが共感するということです）。その上で、もう1歩進んで、「職場としてよい仕事をするために」「お互いの仕事を協力して、うまく進むために」と、メンバーが一丸となって取り組む意識を向けるように進めることです。

リーダーであるみなさんから見て、「自分の業務しか考えない人」「これまでのやり方を変えようとしない人」「会社マニュアルやルールを守ろうとしない人」にも、本人が思っている仕事上の悩みや不満を傾聴して、質問して考えを深めることをやってみてはいかがでしょうか。

どんな質問が効果的かというと、「○○さんとしては、その問題（悩み・不満）にどうしようと思っているの？」「その問題を解決するために、私に何かできること（要望することは）はあるかい？」です。言い回しや表現は、相手によって、またリーダーとしてのみなさんが、言いやすいように変えていただいて構いません。

多くの人は、忙しい仕事の中で、「その問題（悩み・不満）を積極的にどうしたら解決できるだろうか」を考えていないことが多いのです。また、そのことで他者（ここではリーダーであるみなさん）の助けを借りようとも思っていません。まずは、そのことに意識を向けてもらうのです。中には否定的な考えが強くて、なかなか前向きな（リーダーが望むような）考えや意見が出てこないかもしれません。例えば、1度は前向きに改善に取り組んだけれども、周囲の協力を得られなくて挫折した人などはなおさらです。それでも、根気よく耳を傾けると、それなりの意見は出てくるものです。

時には突飛なことや無理なことを言う人もいるかもしれませんが、それも「では、あなたなら、どのようにしてそれを実現しますか」と訊いて、現実的に考えてもらえばよいのです。

質問は、できる限り肯定質問・未来質問そして拡大質問です。例えば、「今できることは何がありますか」「何があればうまくいきますか」「これから半年で変えるとしたら、どんなことが考えられる？」「あなたが管理者（課長なら、リーダーなら）どうしますか」となります。

対話を繰り返し、継続していると、「なるほど」と言う意見も出てきます。そうしたら、できることであれば、それを認め、実行することです。アイデアとしてはよいが、他の条件ですぐ採用できない場合には、「それはなかなかよい考えだと思うけれど、残念ながら○○の理由で今すぐにはできない」と伝えます。どちらにしても、きちんと対応することです。

以上に記したことを実行することは、簡単なことではありません。しかし、リーダーであるみなさんが、職場のメンバーと「共感を持って進めること」により、「自ら考え、自ら行動できる職場づくり」を進めようとする上で、急がば回れの「近道」になると思います。

人の意識の変革には時間がかかります。しかし、自分が確信して自らが変わる、つまり、目標を持ち、相手中心のコミュニケーションを継続すれば、必ずや職場は変わると私は信じています。

【スキル56】「問題の部下はいないと考える方法」

質問（相談）

自分の仕事のことしか考えない、自分の頭を使って考えず言われたことしかしない、今までのやり方を変えようとしない等、問題の部下が多いと感じています。どうしたらもっと自分で考えて積極的に行動するメンバーにしていけるのでしょうか。

回答

リーダーから見て問題と思われる部下をどうしたらいいのか、ほとんどのリーダーのみなさんが感じている問題です。この問題に対して、私が10年前に出会ったある本から学んだことがあります。

その学んだことを研修でお伝えし、多くの参加メンバーがその考えに基づいて実践し、職場で成果を上げています。

その考え方を要約すると次の３つです。

①　これていないものを直そうとするな

自分（上司、リーダー）から見て相手（部下・メンバー）を「自分の仕事しか見ていない人」「自分で考えない人」「これまでのやり方を変えない人」という「困った人」「問題のある人」と考えないことが先決です。

では、どのように考えるのかというと、その人にこうなってほしいという目指す姿・状態（「積極的な人」「自分で考える人」となっているのを１００点として）から見て十分ではない（せいぜい30点程度）としても、できていない部分（マイナス70点）を見るのではなく、30点はできている人と考えることです。

②　うまくいっていることを見つけそれを増やす

よく観察し、話をよく傾聴して、これまでに学んできた質問（肯定質問・未来質問・オープン質問）を投げかけると、本人も現状に全く満足というのではなく、何らかの問題意識や少しでも工夫するなどしている点、その人なりに頑張っている点が、何か見つけられることがあると思います。それをさらに引き出す、またよく考えてもらうのです。

③　うまくいっていないなら違うことをやる

これは、自分（上司・リーダー）が部下にアプローチしてもうまい結果が出ない場合です。例えば、せっかく指導したり、アドバイスしたりしても相手が変わらないという場合に、さらにしつこく同じような指導・アドバイスを繰り返すよりは、じっくりと話を聴くなど、別なアプローチをとるということです。

例えば、上司から見てやり方がまずい場合に、そのまずさを指摘し続けるよりは、「ところで、そのやり方をするメリットはどんなことかな？　逆にデメリットは何かな？」と問いかけることです。そして、しっかりとその答を傾聴することです。

上司からしつこく言われて自己防衛することや言い訳をするという必要がなくなると、部下は自分のやり方について自ら考え始める可能性が高くなります。

この考え方は、人の問題について、「何が悪い、どこが悪い」という視点で問題を捉えるのではなく、「どうしたらもっとよくなる、目指す目標（目指す姿）に近づくか、そのための方法を一緒に考える」ということです。現在既にあるプラス面を見て、そのプラス面をさらに増やすという発想です。

人は、否定的（消極的）な面を指摘されたり、言われ続けたりすると、同じく否定的（消極的）なことを考えます。受け入れるタイプは、私はできないんだ、能力がないんだと落ち込みます。一方、自己主張的なタイプは、自己弁護、自己防衛に入り、本当に嫌になると攻撃的になったり、極端になると閉じこもったりしてしまいます。

逆に、肯定的（積極的）な面について話をしたり、質問したりすると、肯定的（積極的）な面を少しでも考え始めます。問題（否定的な面、できていないこと）に焦点を当てるのではなく、肯定的な面、できていることに焦点を当てて、積極的な考え方や意識に満たされた職場の雰囲気をつくることが、「自ら考え、自ら行動できる職場づくり」の土台になるのではないのでしょうか。

【スキル57】「自ら発言しない、意見を言わない部下の意見を引き出す方法」

質問（相談）

本人からほとんど話しかけてくること（報告、相談）がない、職場内でコミュニケーションをうまく取れないメンバーをどうしたらいいのでしょうか。消極的で内向的な部下をどうしたら、もっと発言してもらえるでしょうか。

回答

この質問（相談）のような部下に対しては、5つのポイント（具体策）で考えてみます。

① **これまで少しでもうまくいった場合、できていたとき、状況はなかったかを探してみる**

本人（ほとんど自分から話かけてこない人）に対して、これまでリーダーや職場の人たちがどんな働きかけをしてきたを振り返ります。

もし、極力話しかけるようにしていたという場合があれば、話かけて本人が結構話をしてくれたのはどんなとき、どんな場合、どんな要件、どの人でどんな状況だったかを思い出します。

話をよくしてきた場合があれば、それと近い状態のことを増やしてみます。例えば、ある人とは比較的よく話すのであれば、その人の話しかけ方や話す内容をまねてみるのです。よく話すとき（時間帯、タイミング）があれば、その時間帯やタイミングで話すようにするのです。

② 本人に報連相の必要性を伝えて自ら報連相をしてもらう

必要なことをこちらから話しかけて、それが指示や依頼事項であれば、その状況や結果を必ず報告してもらうように明確に伝えます。

本人と話をして、何か問題に思ったり困ったりするときはないのかを聞いて、遠慮なく相談するように伝えます。

この２つを実行してみても報告・相談があまりない場合には、本人にどうしたら報告や必要な相談ができるのか質問して聴いてみます（ここは、相手が自ら話してくれるように傾聴する、時にはじっと待つことが大切）。

③ 周囲から挨拶、声かけをして、リーダーがよく観察して、よい点を見つけてほめる。また、やってくれたことに感謝を表す

必ず名前を入れた挨拶をします（これは、本人だけではなく全員にするのが効果的。職場が明るく活性化してきます）。

また、「元気？」「何か大変なことはない？」「お疲れさま！」「頑張っているね」などと声をかけます（これもその本人だけにではなく、他の人にもやるとさらに職場が元気になる）。

例えば、前項②で報告があった際に、「報告してくれてありがとう。助かるよ」、相談があったときに、「そういうことで困っていたんだ。それが言って貰っただけでもありがたい」など、プラスの行動があれば少しでもほめる、または感謝の気持ちを伝えるようにします。

④　本人が話をしたらとにかく真剣に傾聴する

本人が話をしたら、「なるほど」「そういうこともあるよね」「それはよくわかるよ」と受けとめます。質問も活用します。「今言ったことについて、自分ではどうしようと思っている？」「このことについて感じていることは？」などです。

そして、確認します。「あなたの言いたいことは○○○ということかな」「言い換えると□□□といってよいのかな」など。

私は、これまで多くの人を見てきて、意見がないとか、言いたいことがない人はほとんどいないと思っています。周囲が関心を持って、本当に聞いてくれる耳があると感じたときには、人は話したいものなのです。

⑤　その他の要因（要素）も考えてみる

仕事をする上での基本（上述の報連相）をわかっていなかったり、それ以前に精神的な悩みなどで話をする余裕がない場合もまれにあります。そのためには、日頃からリーダー自身が仕事ぶりをよく観察してみる、他のメンバー、少しでも近しい同僚や一緒に仕事をしているメンバーに本人の様子を訊いてみるなどのアプローチが不可欠です。

面談等の機会があれば、または職場のメンバー全員と個別に話す機会をつくって、改めて今の仕事について、会社について、今後のことについてどう思っているか聞いてみます。

話合いや対話をしても自分の意見を言わない人については、「消極的で、やる気がない」と簡単に思わないほうがよいのかもしれません。なぜ消極的なのか、本当にやる気がないのかどうかは、相手の気持ちをつかまないとわからないはずのものです。

全く別の理由で口を開かないのかもしれません。対応方法も、これまでに述べたことを参考に試行してください。やってみて振り返る、これも本書で繰返しお伝えした大事なことです。

基本的には、手段・方法ではなくて、本気で、この目的・目標を共有化して職場の問題解決をするために部下にわかってもらおう、あるいは相手の考えを理解しようという思いです。

【スキル58】「場面や状況によって対応の仕方を適切に切り替える方法」

質問（相談）

管理者（リーダー）として、部下からのちょっとした疑問や質問に対してすぐ答えたほうがいい場合もあるでしょうし、相手の話をよく聴いて、質問しながら気づかせ、考えさせることが必要な場合もあるでしょう。自分の性格上、話をよく聞かず結論を急ぐことが多いのです。また、相手の性格もそれぞれ違います。どうしたら一番いいのでしょうか。

回答

どのような課題でも、マネジメントの視点から取り組むには、次の3点がキーポイントになります。①全体を把握し・中心点（目的・目標）を明確にすること、②多様な視点で具体策を考え・実行すること、③実行した結果と経過を振り返り、さらに次の手を考えることです。

さらに、突っ込んだ言い方をすると、この3つのキーポイントを「自分の経験や知識・スキルへ頼りすぎることなく、他人の持つ情報・経験を集めて、多様な視点で問題を眺め、本質を掴み、判断し、行動する。しかも、その過程を職場メンバーや関係者と共有化する」ことです。

この3つのキーポイントは、よく考えるとマネジメントの基本である「目標から計画をつくり、実施して、常に見直し、修正・改善する（ＰＤＣＡサイクル）」を極めて短期間で行うために有効なのです。さらに、目標達成のためにあらゆる資源を活用すること、その資源の中でも一番大きな資源～人材、部下の可能性を開発し、発揮させることになるわけです。

別な言い方をすると、組織・職場で仕事をしているのですから、管理者といえども自分1人の力ではいかんともしがたいわけです。ところが、それを全然自覚していない人が多いのです。

以上のマネジメントの目的を十分に理解し、踏まえた上で、本題の質問（相談）の回答に入ります。

「自分の性格上相手の話をよく聞かず結論を急ぐことや…」とありましたが、話の案件内容や重要性、緊急度によっては、こちらの意見を優先することが必要なときもあります。話をよく聴いて、質問するのか、それともこちらから意見を先に言うのか、どちらにするかは、マネジメント上の必要性、つまり、リーダーとしての自分自身の意図、相手やその場の状況などを考えて行うことが大切です。

また、「相手の性格もそれぞれ違うので…」とありますが、自分の意図や相手の状況を踏まえて行っているのか、それとも無意識的に行っているのかの違いが大事です。無意識にやっていると、これまでの自分自身の習慣や性格が出てきます。意図や相手を明確に意識していると、より適切な行動になってくると思います。

これまで95％くらい意見を言っているばかりだった上司が、意見50％、質問（傾聴）50％に変わると、何らかの変化が生じてきます。さらに、意見より質問の割合が多くなると、それ以上の変化が見られます。もちろん、最終的には、上司（管理者）が判断し、責任を取ることは変わりません。

このマネジメント3つのポイントで述べた、全体を把握し、かつ多様な視点で考えるためには、上司の頭（情報と判断）だけではなく、複数の部下の頭を使う、考えさせる「質問」を活用することが効果的です。そして、実行した結果も、「やってみて何がよかったのか」「今回の取組みで学んだことは？　気づいたことは？」と振り返る質問をすることです。

第7章　職場リーダーとして実践する3つのコミュニケーションスキル

―学んだスキルを職場で実践するために

前の第6章では、職場実践での実際例（質問・相談とその回答）で実践の具体的な方法を考えました。

この第7章では、学んだことを振り返りながら、職場リーダーとしてのコミュンケーションのあり方と、成果を上げるため前進する職場づくりに役立つ3つのことをお伝えします。

【スキル59】 意見リーダーと質問リーダー「質問リーダーのスキル」

実際場面で一番使いでのあるスキル

第1章から第5章までのリーダーのコミュニケーション3つの手法「カウンセリング」「ティーチング」「コーチング」と職場コミュニケーション「報連相」について一緒に学んできました。

この4つの手法とこれまで学んだ約58のスキルの中で、実際場面で一番活用して使いでのあるスキルは何でしょうか。あなたは何だと思いますか。

私の答えは、「質問」です。

もちろん、自分の意見を明確に伝えることは必要です。私自身、プレゼンテーション研修も担当しています。わかりやすく伝えるスキルは、リーダーに必要です。それでも敢えて「質問」というのは、これまで多くのリーダーが十分に学んでこなかった、また活用してこなかったからです。

したがって、敢えて言うのであって、実際は意図・目的、状況・相手によって使い分けることが必要なのです。

そこで、私自身が「アクションラーニング（質問会議）」のコーチになる中で学んだ「質問リーダーと意見リーダー」という考え方を次にお伝えします。

ここでは、「意見リーダー」と「質問リーダー」という2つのリーダー像を考えます。

【図表16　意見リーダーと質問リーダー】

意見リーダー	質問リーダー
①　意見や考え方を述べる（断定・指示） ②　自分が考えるための情報収集・分析をする ③　自ら意思決定をする ④　指示命令／ボスマネジメント ⑤　結果志向（行動のコントロール）	①　質問をする（問いかける、聴く） ②　チームメンバーの振返り・共有化を促進する ③　行動のプロセスとその結果を共に考える ④　支援助言／パートナーシップ ⑤　プロセス志向（関係と思考を広げ、深める）

※『「チーム脳」のつくり方』清宮普美代著、ＷＡＶＥ出版より引用修正。

意見リーダーは、積極的に自分の考えやそれに基づいた行動を明確に指示したりします。そして、その結果をすぐに求めます。

それに対して質問リーダーは、メンバーに質問を投げかけ、問題に対しての幅広い見方を受け入れます。行動の前に、それにいたる考え方（問題認識や目標）についての共有化、そしてとるべき手段の適否についてもメンバーのアイデアを広く出してもらいます。質問リーダーは、思考の質を高めることに意識を向け、その結果、自ずから行動の質が高まり、成果がついてくると考えます。

職場のリーダーである管理監督者のみなさんは、ここで対比的に示された「意見リーダー」「質問リーダー」のどちらかを選択してくださいと言いたいのではありません。

マネジメントは、「目的」「相手（環境）」「自己」の３つの視点から、常に複眼視的に考え、行動することが必要です。その意味で両方を意識的に考え、アプローチ法としてマスターし、実践できるようにして、必要や状況に応じて使い分けることが必要でしょう。

しかし、これまで自分がどちらのアプローチを重視していたのか、または双方とは違う別なやり方（例えば、放任型、成行き型、経験踏襲型など）をやっていたのかという自己認識がまず大切です。自己振返りです。

その上で、本書の中心的なスキルの1つである「質問」を活用する「質問リーダー」のアプローチが、職場での対話、相談、面談、打合せ、会議場などの日常の業務遂行、マネジメント行動、報連相やOJTのコミュニケーション場面で活用実践していくことが求められているのではないかと私は考えます。

あなたは、これからこの2つのリーダー像（アプローチ）について、どのように考え、実際どうやって活用していきますか。そして、どのような職場を目指していきますか。

【スキル60】「よい関係づくり（チームづくり）と仕事の成果サイクルのスキル」

これからお伝えするのは、同じくアクションラーニングのセミナーで学んだ「よい関係づくりと仕事で成果を上げるサイクル」です。

例えば、上司が、売上目標を達成できない部下に、「どうしたら成果が出るんだ」「何とかしてくれよ」等、「成果」そのものを出すように直接的に要求しても、状況は何も改善されないことが多

【図表 17　よい関係づくりと仕事で成果を上げるサイクル】

① 関係がよくなる
（傾聴し・質問する⇒共有化・共感する）
↓
② 思考が高まる
（よい考えが出てくる、一緒につくる）
↓
③ 適切な行動がとれる
（よい行動計画を協力して実施する）
↓
④ 成果が出る
（よき変化と前進がある）

①②③④のサイクルが回れば回るほど成果が上がり信頼関係がさらに高まる

いものです。

なぜなら、どうすればよいか見えていない部下にとっては、このような上司の言葉に圧迫感や脅迫感を抱いてしまうからです。部下としては、さらに緊張していい考えも浮かばず、結果的に適切な対応行動もとれません。

違うアプローチとしては、まず「目標達成に向けて、何とかしようと頑張っているようだね」と前向きな言葉をかけます。そうすると部下も、上司の話を安心して聞こうとします（関係がよくなる）。

次に、「今やっている中では何がうまくいきそうかい？」とか、「他の先輩や同僚がやっていることで、○○君が参考になることはないかな？」「何か私が手伝えることはないか」と問いかけると、ホッとするとともに、少しは考えます（考え始める）。

そうした上で、「ちょっとでも前進するために何ができる？」と問いかけると、１つくらいは出てきます。

さらに、ゆっくりと「他には?」、何か出ると「なるほど、他に何かないかな?」と、質問すると2つ、3つと出始めます(よい考えが出る)。

3つ出たとしたら、「その中でどれが、すぐできて役立ちそうかな?」と質問して、本人に選択(決定)させ、「イツまでにやる?」と問いかけると、少なくとも選んだことを行動し始めます(具体的なよりよい行動)。

その行動をとると、よかれ悪しかれ結果が出ます。それを振り返り、以上と同じような会話のサイクルを回すと、プラスの行動が出て、何らかの成果に結びつく可能性が高まります(成果に近づく)。

以上は、1対1の会話での話です。チーム(または職場)でも同じことがいえます。

成果を出すためには、最初から「成果」を出すように求めても出るものではありません。

チームが同じ目標に向かって、よりよい行動を起こすためには、情報や考え方をお互い理解し合ったほうが円滑に進みます。そのためには、よい関係づくりが必要です。お互いのできていないところを見るのではなく、お互いの共通点や相手のできているところ、違いも活用できる資源として、その可能性を見ることが大切なのです。

「コーチングの対話」や「質問ミーティング(傾聴し、質問し合い、振り返る)」は、この①関係づくりと、②よい思考、③適切な行動(行動計画)を導き出し、その結果(④成果)を出すまで、実践と振返りのサイクルを回すものです。

単なるコミュニケーションをとることではなく、このサイクルが回ることを意識してやるために、職場リーダーであるあなたは、いつから、何から、どのようにして始めますか。

【スキル61】「あなたに一番役立つリーダーとしてのスキル」

さて、本書のタイトルは、「職場リーダー必須の職場コミュニケーション61のスキル」ですが、まだ60しか伝えていません。ここまで読み進めて（学びを進めて）いただいた読者のあなたには、もう1つ最後でかつ一番大切なスキルをお伝えします。

実は、本書のタイトルは、最初「職場リーダー必須の職場コミュニケーション60のスキル」だったのです。本書をここまで書いてきて、最後に浮かんだ61番目のスキル、これをお伝えしないといけないと思い、書名を「職場リーダー必須の職場コミュニケーション61のスキル」にしたのです。

そして、最後の【スキル61】をお伝えしますと言いましたが、お伝えするのは、その61番目のスキルの内容ではありません。61番目のスキルを何にするかを決めるための方法だけです。

もう、既におわかりの読者の方も多いかと思います。

61番目のスキルとは、本書をここまで読んでこられたあなたご自身が、この60のスキルの中から、ご自身にとって一番すぐに役立ちそう、使えそう、やってみようかなと思うものを1つ選んだものです。

本書を読んだ後の、あなたの最初の「スモールステップ」のことです。すぐに決められる人もいるでしょう。考えてもなかなか決まらない方もいらっしゃるかもしれません。少し、考えるヒントや時間がほしいという方もいるかもしれません。エッ、「私（著者）に相談したい」ですって…。それもいいかもしれません。

61番目のスキルは、あなたが本書を読み終えて、最初に実践することです。ですから、本当は最初の、つまり1番目の実践スキルです。

さて、本書を著した私から1つお願いがあります。あなたの61番目のスキルをぜひ教えていただけたら嬉しいのです。「あとがき」に載せている私のアドレス宛に、メールでご報告（ご連絡）願います。

メリットをお伝えします。メールで報告いただいた方には、本書の60のスキルを整理したわかりやすい一覧表をお送りします。また、感想以外に質問や相談をいただきましたら、少々お時間をいただきますが、必ずその回答を返信いたします。

私は、みなさんが、この61番目のスキルの実践から始めることで、職場リーダーとして前進・発展されることを確信し、期待し、応援しています。

最後に、本書を手に取っていただき、最後までお読みいただいたことを心から感謝いたします。

ありがとうございました。

あとがき

「はじめに」で述べたように、私は、研修講師として、企業や公的機関・病院で、組織の管理監督者研修、リーダー研修を中心に、公開講座・セミナーも行っています。

今から30数年前、入社した最初の会社で「人事教育事業部」という企業研修事業の営業担当に配属されたことが、この仕事をすることになったキッカケでした。それ以来、東京、札幌、大阪で大企業から中小零細企業まで、様々な業種の会社、組織に人事研修面での人材採用・育成の企画提案、人事組織コンサルティング、研修トレーニングを行ってきました。

もともと内向的で、営業向きではなかった私は、営業マン時代、先輩に相談したり、本を読んだり、数回ですがセミナーにも参加していました。

その後、当時、社員数が3000名にまでなっていた最初の会社から転職した2つ目の（社長を含め）５人の会社時代は、業務として、その会社の研修・講座の営業から研修講師アシスタント、コンサルタントをする傍ら、さらに多くの研修・セミナーや異業種交流会、勉強会に参加し、いくつかの勉強会では、事務局も務めました。

20年前に、札幌で今の会社を設立してから、現在は、研修・セミナーをする立場です。その20年間の中でも、本書でお伝えしている「カウンセリング（キャリアカウンセリング）」「コーチング」

そして「真・報連相」「アクションラーニング」「解決志向（ソリューションフォーカス）」等の各コミュニケーションにかかわる手法を本とセミナー受講して学び、仕事として実践し、振り返り、実践事例を通して学び続けてきました。

本書は、これまでに私自身が学んできた知見の中でも実践的なスキルに絞って、実際に職場で活かしていただくことを目指しました。

部下・メンバーを1人以上持ったリーダーが、最初に読む本として役立つものになれば嬉しいです。

本書の中でお伝えしたように、ぜひあなた自身の「スモールステップ」を1つ（以上）決め、実践されることをおすすめします。やれば変化が生じ、成果が見え、次のステップがわかります。

やるのは、もちろん、本書を読み終えた〝今でしょ〟。

さて、あなたの決められたスモールステップと本書の感想を入れて、次の私のアドレスへご送信をお願いいたします。その際、本書の購入年月と購入場所（書店名またはネット書店名等）を教えていただければ、なお幸いです（要望が多くてすみません）。

ご質問、ご相談の回答も含めて必ず返信いたします。

本書を読まれたみなさんのリーダーとしてのご成長、ご発展を心より念じております。

● info@interface-h.co.jp ㈱インタフェース　五十嵐　仁

〈参考文献〉引用・出典元
・「真・報連相のハンドブック」〔真・報連相のレベル表〕　糸藤正士著、一般社団法人日本報連相センター刊　２０１４年（第17刷）
・「解決志向（ソリューションフォーカス）の実践マネジメント」　青木安輝著、河出書房新社刊、２００６年
・『「チーム脳」のつくり方』　清宮普美代著、ＷＡＶＥ出版刊、２００９年

〈参考図書〉
・「経営者・管理者のための決定版「真・報連相」読本―情報によるマネジメント」　糸藤正士著、鳥影社 刊、２００５年
・「ソリューションフォーカス基礎コース資料」　青木安輝著、株式会社ソリューションフォーカス刊
・「アクションラーニングコーチ養成講座テキスト」　清宮普美代著、ＮＰＯ日本アクションラーニング協会刊
・「質問会議」　清宮普美代著、ＰＨＰ研究所刊、２００８年
・「コーチングバイブル」（初版）ヘンリー・キムジーハウス、キャレン・キムジーハウス、フィル・サンダール著、東洋経済新報社刊、２００２年

著者略歴

五十嵐　仁（いがらし　ひとし）

株式会社インタフェース 代表取締役。

1958年北海道生まれ。1980年東北大学文学部（心理学専攻）卒業後、株式会社リクルート入社。人事教育事業部、情報通信事業部、株式会社リクルート人材センターに勤務。その後、教育コンサルタント会社2社で、東京および道内の大手企業から中堅・成長企業に教育研修・人事コンサルティングの実績を重ねる。1999年独立し、株式会社インタフェースを設立、代表取締役。

企業、官公庁、病院、大学、団体で年間100回を超える研修・セミナーの講師を務める。主に、マネジメント研修、現実課題の問題解決、リーダーシップ、コミュニケーションを専門とする。人事組織コンサルタントとして人事評価制度、目標によるマネジメントの仕組みの導入支援・指導を実践している。

一般社団法人日本報連相センター友の会北海道支部長。戦略行動学インストラクター、登録キャリアコンサルタント（国家資格）、日本アクションラーニング協会認定シニアアクションラーニングコーチ。合気道五段（合気会）。

著書には、「真・報連相で職場が変わる」（共著、新生出版刊、2008年）がある。

連絡先　株式会社インタフェース

住所：〒064-082　札幌市中央区大通西28丁目1—2　円山公園ビル4F

Email: info@interface-h.co.jp　　URL : http://www.interface-h.co.jp/

リーダー必須の職場コミュニケーション61のスキル
ーカウンセリング、ティーチング、コーチング、報連相の活かし方

2018年4月20日 初版発行　　2023年2月28日 第5刷発行

著　者　五十嵐　仁　© Hitoshi Igarashi

発行人　森　　忠順

発行所　株式会社 セルバ出版
〒113-0034
東京都文京区湯島1丁目12番6号 高関ビル5B
☎ 03（5812）1178　FAX 03（5812）1188
https://seluba.co.jp/

発　売　株式会社 三省堂書店／創英社
〒101-0051
東京都千代田区神田神保町1丁目1番地
☎ 03（3291）2295　FAX 03（3292）7687

印刷・製本　株式会社 丸井工文社

Printed in JAPAN
ISBN978-4-86367-414-1